기독교가 이 땅에 온 지 한 세기에 더해 또 반세기에 가까워 오고 있다. 그동안 한때는 평양, 이후 서울이 동방의 예루살렘이 되었고, 한국의 기독교는 세계화의 물결에서 세계선교의 전위 역할도 해왔다. 그러나 그 눈부신 성장의 시간, 그 역사에 가려진 그늘이 있다. 여기 젊은 인류학도가 그 그늘 속에서 노동하며 혼신을 다해 복음을 실천하는 우리의 이웃 사람들, 그들의 따뜻한 사연을 소개한다. 그러면서 더 이상 한국의 사회과학이 방관할 수 없는 아래로부터의 한국기독교의 현실을 현장감 있게 전한다. 부디 이 책이 캠퍼스를 넘어 전국의 교회 청년 모임의 필독서가 되길 바란다.

권헌익_ 캠브리지 대학 트리니티 칼리지 석좌교수

이중직 문제가 핫이슈로 떠오른 지 시간이 꽤 되었습니다. 많은 분들이 이 문제를 가지고 강의하고, 토론하고, 책도 내고, 자기 자리에서 목소리를 냈습니다만, 대부분 내부자들의 시각이었기에 분석과 결론이 거의 대동소이하다는 것이 참 아쉬운 지점입니다. 그런데, 이번에 신학공부와 함께 인류학을 전공한 저자가 이 문제를 심층적으로 다루었습니다. 저자는 이중직이라는 그 현상만을 이야기하지 않습니다. 역사, 정치, 사회, 한국교회의 부흥의 과정을 심도 있게 연구하여 그 토대 위에서 대안적인 목소리를 내고 있습니다. 왜 이런 현상들이 나타나고 있는지, 어떤 과정을 거쳐 이 지점에 이르렀는지, 앞으로 목회자들은 어떤 현실을 맞이해야 하는지에 대해 체계적인 이해와 지식을 얻기를 원하시는 분들은 과감히 이 책을 잡으십시오. 이 주제와 관련하여 이제까지 나온 책들 중에 단연 최고 수준의 책을 만나게 되시리라 확신합니다.

김관성_ 행신교회 목사

일하는 목회자들에 대한 이야기는 이전에도 여럿 있었으나 보통 몇 사람의 사례를 근거로 전체의 그림을 그려냈기에 전체 생태계의 다양한 모습과 목소리를 담아내기엔 아쉬움이 많았다. 저자는 여전히 옳고 그름을 논하는 이들의 생각과 달리 목회자의 정체성을 유지하기 위해 일터에서 분투하는 일하는 목회자들의 생생한 이야기와 솔직한 현실을 독자에게 전하며 그 이면의 구조를 분석함으로써 새로운 가능성을 제시하고 있다.

박종현_ 함께심는교회 목사, 그룹 '일하는 목회자들' 관리자

가슴 아픈 책이다. 오래전부터 한국교회의 다양한 사각지대를 보고 들으면서도 외면했던 내 모습을 부끄럽게 만든다. 일하는 목회자들을 만들어낸 한국교회의 슬픈 현실 - 교회의 경제적 양극화, 미자립 교회 양산, 등 떠밀리는 개척교회, 대형교회 중심 성장, 신학교와 교단의 무책임 - 그 속에서 성경적 교회론과 직분론의 분명한 이해와 실천이 얼마나 부실한지 통탄하게 된다. 목회자에 대한 합리적인 처우는 없으면서 사명과 청빈을 강요하고 있지는 않은가? 한국교회 성도들은 이 책이 조사하여 제시하는 사례와 통계를 결코 간과하지 말아야 한다. 더 나아가 이 문제의식을 함께 나누어 교회를 위한 새로운 합의에 이르러야 한다. 목회자도 한 가정의 가장이며 누군가의 자녀고, 동시에 말씀을 맡아 교회를 함께 세워가는 동역자로서 그리스도의 몸 된 지체이기 때문이다. 목회자의 정체성과 자존감이 흔들릴 때 오는 부작용은 고스란히 성도(교회)의 몫으로 돌아온다. 목회자가 성경적인 사역에 마음껏 집중할 수 있는 날을 소망하면서 책을 덮었다.

서자선_ 광현교회 집사

목회자가 있을 곳은 어디인가? 당연히 교회요 선교지다. 하지만, 그 상식적 판단이 더 이상 당연하지 않은 시대가 되었다. 소명을 좇아 오랜 교육과 수련을 견디고 목회자가 되었지만 현실은 녹록지 않기 때문이다. '일하는 목회자'는 그렇게 생겨났다. 이 안타까운 현실에 대해 절실히 요구되는 연구를 이렇게 심도 있게 해낸 책은 없다. 체계적인 인터뷰를 분석하는 질적 연구를 독창적으로 수행하여 현실을 낱낱이 드러내 보여주었다. 무엇보다 생존과 소명과 사이에서 몸부림치는 이중직 목회자의 아픔을 생생하게 담아낸 점도 탁월하다. 또 다른 장점은 실존적인 고뇌가 담긴 주제를 사회과학적 연구로 풀어낸 점이다. 연구자 자신이 이 딜레마의 당사자이기도 하기 때문이다. 목회의 본질을 묻는 계기로 삼고 방향을 제시하려 한 점 역시 훌륭하다. 이 고민을 겪어내는 세대를 가르쳤던 입장이었기에 책을 읽는 내내 안타까움과 민망함을 금할 수 없었다. 이 연구가 열어 보여준 한국교회 현실에 대한 아픈 책임감 때문이다. 이 책이 목회자 '이중직' 문제 해결에 크게 기여할 것을 확신한다.

신국원_ 총신대학교 명예교수

이 책의 주인공은 교회와 목회자이지만, 이 책은 신학책이 아니다. 이 책의 주제는 '목회자 이중직'이라는 오늘날 한국교회의 뜨거운 이슈이다. 그럼에도 이 책은 교회의 입장에 서서 그 이슈를 바라보고 있지 않다. 그렇기에 목회자들이 읽어야만 한다. 이 책에서 '이중직 목회자'는 대한민국 사회의 가장자리에 있어서 잘 보이지 않는 존재이자, 신으로부터 부르심과 버려짐을 동시에 느끼는 존재로 묘사되지만, 저자는 거꾸로 존재감조차 없는 그들의 시각으로 대한민국의 교회 중심부를 바라보고 있다. 이 책을 통해 어떤 해결책이나 답을 주려는 저자의 의도는 전혀 없어 보인다. 그저 새로운 방식으로 한국교회의 현실을 바라보라는 메시지를 발견할 뿐이다. 이 책은 진실로 교회 밖에서 일해야만 하는 어떤 이유도 찾지 못하는, 한국교회 중심부에 있는 바로 그 목사들이 읽어야만 하는 책이다.

양현표_ 총신대학교 신학대학원 교수

성장 시대를 지나 쇠퇴하는 한국교회에서 목회자는 누구인가? 많은 전도사와 목사들이 왜 카페나 배달 업체에서 알바를 하고 파트 타임 아르바이트를 두세 개 뛰어야 생존할 수 있는가? 코로나 감염병으로 인해 그들의 삶은 얼마나 더 피폐해졌는가? 저자는 이 복잡하고 가슴 아린 문제를 역사적 맥락 속에서 인류학적 면담과 분석, 신학적 성찰로 접근하면서 함께 아파한다. 선한 사마리아인이 되기를 꿈꾸었으나, 강도를 만나 길에 쓰러져 있는 목회자들, 그들의 겹겹이 얽힌 사연을 들어보자.

옥성득_ UCLA 아시아언어문화학과 석좌교수

한국교회는 늘 스스로를 돌아보아야 하겠지만, 성장의 전성기가 지난 지금 더욱 그러한 것 같다. 저자는 이 '돌아봄'을 목회자들, 특히 생계를 위한 다른 직업을 가지고 있는 이중직 목회자들의 삶을 탐구하는 방식으로 시도한다. 신학대학원을 졸업하고 목회자가 되었는데, 목회자로서의 생존과 더불어 생계를 유지하기 위해 목회와 병행할 수 있는 종류의 부업을 찾아 행하는 사람들의 다양한 사례를 깊이 연구하여, 그들의 정체성 혼란과 동시에 목회의 정의, 일의 정의, 교회의 정의 등에 대한 심원한 질문을 던진다. 저자가 던지는 가장 큰 질문은, 기독교 윤리와 상충되는 문화를 가지고 살아가는 '우랍민'이라는 기독교 부족의 예를 통해 성장주의와 각자도생, 개교회주의라는 질서와 교회, 하나님 나라, 목회자가 공존하는 것이 한국에서 어떻게 가능했는지 묻는 질문일 것이다. 한국교회가 행해야 하는 가장 중요한 '돌아봄'이란, 이 질문을 두고두고 곱씹으며 교회와 목회자들, 특히 일하는 목회자들을 바라보는 것이리라.

이정규_ 시광교회 목사

단행본으로 나오는 석사논문을 읽는 것도 드문 일이지만, 그걸 읽으며 가슴이 아팠던 것은 매우 낯선 일이었다. 먼저 내가 어떤 입장에서 이 책을 읽고 있는지를 생각하며 마음을 졸이는 동안, 이 책이 각 신자와 목회자들의 모든 자리에서 생각해야만 할 것들을 적나라하게 나열했다는 사실을 알게 되는 소득을 얻었다. 자신이 유·무형의 한국교회에 속했다고 인정하는 모든 이들이 읽고, 고민하고, 눈물짓고, 그리고 어디에서든 어떤 방식으로든 이 문제에 참여하도록 고민하게 만드는 책이다. 뒤에서만 조심히 말했던 것을 전면에 세워 함께 말할 수 있도록 땀과 열정과 용기를 쏟은 김재완 형제의 글에 찬사를 보내며, 많은 사람들이 함께 읽으며 사방에서 격렬한 토론이 일어나는 '사건'을 기대하게 된다.

정갑신_ 예수향남교회 목사

경제적 처지만 놓고 보면 이 책의 연구참여자들은 '도시빈민'으로 범주화되어 온 사람들이다. 하지만 그들이 지닌 일차적 정체성은 목회자로서의 성직을 수행하는 사람들이다. 이 책에서 저자는, 인류학적 현장연구를 통해 수집한 생생한 사례들에 기반하여, 이들 '이중직 목회자'들이 한국사회에서 겪어오고 있는 삶의 어려움과 고뇌들에 대한 체계적이고도 심층적인 분석과 해석을 제시한다.

황익주_ 서울대학교 인류학과 교수

우리는 일하는 목회자입니다

우리는 일하는 목회자입니다

지은이　김재완

초판 1쇄 발행　2022년 4월 25일
초판 2쇄 발행　2022년 11월 21일

발행처　도서출판 이레서원
발행인　문영미
출판신고　2005년 9월 13일 제2015-000099호

기획, 마케팅　김정태
편집　송혜숙, 오수현
총무　곽현자

디자인　박지나

경기도 고양시 일산동구 백석로71번길 46, 1층 1호
Tel. 02)402-3238, 406-3273 / Fax. 02)401-3387
E-mail: Jireh@changjisa.com
Facebook: facebook.com/jirehpub

책값은 표지에 있습니다.

ISBN　978-89-7435-596-8 (03230)

신저작권법에 의해 한국 내에서 보호받는 저작물이므로 저작권자의 서면 허락 없이 이 책의 어떠한 부분이라도 전자적인 혹은 기계적인 형태나 방법을 포함해서 그 어떤 형태로든 무단 전재하거나 무단 복제하는 것을 금합니다.

김재완 지음

우리는 일하는 목회자입니다

한국교회 성장주의의 이면과
이중직 목회자 현실에 대한 인류학적 연구

이레서원

차례

1장 서문 … 9
2장 왜 목회자가 일해야 하나요: 한국교회의 구조와 문화 … 23
3장 왜 목회자는 일하면 안 되나요: '이중직'과 목회자 정체성 … 67
4장 일하는 목회자에게 듣다 … 99
5장 목회란 무엇인가, 경계에서 다시 묻다 … 133
6장 나가면서: 일하는 목회자를 통해 발견하는 새로운 가능성 … 171
참고문헌 … 184

1장
서문

이 책은 한국교회 속 목회자[1]들의 삶을 날 것 그대로 담아내려고 한 노력의 결실이다. 그리고 먼저 밝히지만, 이 책은 2021년 2월에 발표한 나의 인류학 석사학위논문을 단행본 형식으로 옮긴 것이다. 그렇다면 나는 왜 한국 목회자들의 삶에 관심을 갖게 되었고 그것을 가지고 논문을 쓰게 되었는가? 내가 생각하는 이 주제의 중요성과 의의를 설명하면서 이야기를 시작하고자 한다.

목회자들에 대한 이야기는 두 가지 측면에서 아주 중요하다. 첫째는 '연결성'이다. 오늘날 목회 현장에 있는 이들의 삶은 한국전쟁 후 한국교회가 지나온 연속적인 시간 전체에 걸쳐있다. 게다가 목회자들의 삶의 배경에는 한국교회에 존재하는 온갖 조직, 제도, 행위자들이 얽

---

[1] 이 책이 중점적으로 다루는 '한국 목회자'와 '한국교회'란 개신교에 한정된 것이다. 특히 '한국교회'란 개신교에서도 절대다수에 해당하는 주류 교단 및 거대 단체(파라처치)들을 아우르는 표현으로서, 주류 교단 산하 교회 및 독립 단체들뿐만 아니라 그들이 주도하거나 만들어낸 운동, 구조, 문화, 윤리 등을 총칭한다.

히고설킨 채 연결되어 있다. 따라서 이들의 삶을 인류학적으로 설명하는 일은 교단, 사회, 신학교, 지역 교회, 그리고 신앙인들이 지금까지 어떤 방식으로 연결(혹은 단절)되어있었고, 그 결과 어떻게 오늘날에 이르렀는지에 관한 설명을 요구한다. 이는 한국교회의 존재 양상에 대한 흥미로운 접근 방식이다.

둘째는 한국 목회자들의 삶이 지니는 시간적 불연속성이다. 오늘날 목회자들의 삶은 지난 한국교회의 역사적 흐름의 위에 있으며 그 안에는 명확하게 분절되는 중대한 시점이 존재한다. 그 분기점은 한국교회의 성장과 하락 사이 어디쯤에 있다. 이 시점이 중요한 이유는 한국교회의 성장이 갖는 독특한 사회문화적, 정치 경제적, 역사적 입지 때문이다. 그리고 한국교회 내에서 그 분기점에 가장 직접적인 영향을 받은 이들은 분명 목회자 집단이다. 그렇기 때문에 동시대의 목회자의 삶과 그 서사를 연구하는 일은 한국교회에 근래 일어난 변화와 그 의미를 이해하는데 매우 중요하다고 할 수 있다.

우리는 어떤 흐름을 타고 여기까지 왔으며, 그 흐름은 어떤 특정한 방식으로 우리의 오늘을 형성했는가? 무엇보다, 그 흐름을 무엇이라 호명할 것인가? 그것을 어떤 방식으로 평가하고 반성할 수 있을 것인가? 이 일련의 질문들은 과거를 대면하고, 오늘에 충실하며, 미래를 준비하는 데 필수적이다. 익숙한 것들이 낯선 것들로 바뀌고 있는 이때에, 이런 중요한 질문들을 적실한 방식으로 대면하고 또 책임 있게 답하는 것이 가장 시급하다.

1. 성장과 선교라는 흐름을 타고 온 한국교회

나는 교회 안에서 나고 자란 90년대 초반 생으로 세계적으로도 유례가 없는 한국 개신교의 초고속 성장의 끝 물살을 탔다. 2010년 어간에 신학교에 발을 들인 내 또래들은 한국교회의 성장세가 주춤하는 것을 느끼고 있었으나, 여전히 강력한 관성의 중심부에 있었던 탓에 교회의 쇠락에 대한 저항감, 그리고 회복(혹은 부흥)에 대한 열망과 자신감에 차 있었다.

이 열망과 자신감을 끊임없이 추동하고 재생산했던 것은 20세기 중후반 한국교회의 폭발적인 성장의 산물이자 촉매제이기도 했던 독특한 '교회 문화'였다. 우리는 그것들을 향유함으로써 무한한 정서적 공급을 받았을 뿐만 아니라, 그 문화들을 끊임없이 재발명, 재생산, 전수하는 방식을 모색하는 데에 일종의 순수한 사명감을 공유하고 있었다.

이와 같은 교회 문화들이 태동했던 장소는 당연히 지역 교회의 내부였지만, 이를 지역 교회를 초월하는 방식의 교회 문화로, 혹은 하나의 언어로 발전시킨 주역은 '파라처치(para-church)'라고 불리는 선교 단체 집단들이었다. 그렇기에 선교 단체들은 교단보다 훨씬 더 효과적으로, 그리고 광범위하게 전국에 있는 개신교인들을 동질적인 하위문화집단으로 묶어주는 역할을 했다. 특히 그중에서도 '캠퍼스 선교'에 투신한 수많은 단체들은 청년 세대들을 위한 한국교회 문화를 생산하는 용광로이자 그 결과물을 보급하는 전초 기지였다. 전국 각지에서 모인 20대 신학생들이 서로가 문화적 동질 집단임을 어렵지 않게 확인할 수 있었던 것은 선교 단체의 존재 덕분이었다.

그러나 선교 단체가 한국교회의 역사에서 갖는 의의는 문화적 차원을 훨씬 넘어선다. 오히려 선교는 근현대 한국교회를 관통하는 상위 키워드이다. 한국교회의 기하급수적 성장은 분명 세계적으로도 독특한 현상이지만, 그보다 더 놀라운 것은 그 많은 기독교인들 전부가 직간접적으로 '선교'[2]에 동원되었다는 사실이기 때문이다.

선교는 그 자체로 한국교회에서 하나의 역사적 구성체이자 두터운 상징이었다. '교회는 선교를 목적으로 한다'라는 선교신학적 명제만으로는 결코 20세기 후반에 한국교회에서 선교를 둘러싸고 일어난 일들을 설명하지 못한다. 실제는 이보다 훨씬 더 복잡했는데, 전 지구적 맥락에서 한국의 선교란 한국을 제3세계와 서구 세계 사이에 위치하는 유일무이한 존재가 되도록 매개함으로써 한국교회에 독특한 역사적 정체성을 부여했다. 또 지역 교회 차원에서 한 사람이 지닌(혹은 지니지 못한) '선교의 경험'은 그 자체로 그 사람의 신앙에 대해 많은 것을 설명하는 하나의 상징자본이기도 했다. 한국교회는 급격한 성장과 더불어 극심한 분열의 양상을 띠었지만, 선교라는 공동의 목표에 있어서는 확실히 단결된 모습을 보였다.

교회에서 자란 90년대 생들은 어릴 때부터 '(선교)나가던지 (선교)보내던지' 둘 중 하나는 해야 한다는 말을 자주 듣고 자랐으며, 십 대를 보내면서는 한국이 '선교 강국'이 되었음을 자축하는 이야기를 듣기도 했다. 선교 집회에는 늘 젊은이들로 인산인해를 이루었다. 모든 기

---

2 여기서 선교란 직접 해외에 나가서 선교를 하는 것뿐만 아니라, 국내외에 있는 선교사 및 관련 기관을 지원하는 모든 행위를 가리킨다.

도원 집회, 수련회, 부흥회와 같은 행사의 백미는 선교사를 '콜링'("선교사로 헌신하실 분들은 자리에서 일어나십시오!")하는 시간이었다. 선교사가 되기로 결심하는 사람들을 일 년에도 수십 명씩 보는 것은 어렵지 않았으며, 교회는 선교사가 되려는 사람들과 이미 된 사람들의 간증이 넘쳐났다.

2. 성장을 반성하기

폭발적이었던 국내외 선교의 열기. 그것이 만들어낸 독특한 교회 문화와 형태. 그리고 이 모든 것을 가능케 했던 한국교회의 수직 성장. 이런 것들은 지난 20~30년간 우리를 여기까지 오게 만든 어떤 흐름이자 한국교회의 주요 경관(landscape)들이다. 그리고 이런 이것들은 십 년 전, 이제 막 신학생이 된 이들이 교회 회복을 향해 가졌던 열망과 자신감의 배경이기도 했다. 그 흐름이 무엇이었는지 규명하고, 그것을 오늘날의 시점에서 새로운 방식으로 설명하는 일은 시급하고 중요하다. 더 나아가, 지금이야 말로 그 일을 해야만 하고, 할 수 있는 적기이다. 왜냐하면 우리는 이제 막 어떤 변곡점을 지나 그것을 낯설게 바라볼 수 있는 위치에 다다랐기 때문이다.

한국교회가 이미 통과했고 이제는 완전히 결별한 그 시기 전체를 관통하는 하나의 키워드를 꼽자면 '성장'일 것이다. 그리고 지금 우리는 그 시기를 떠나 '포스트-성장(post-growth)'의 시기로 접어들었다. 포스트-성장의 시기는 하루 아침에 닥친 것이 아니었다. 교회 성장 시기의 끝자락에 걸친 신학생 세대들의 가슴속에는 교회 회복을 향한 자신감과 열망이 불타고 있었으나, 사실 그 이면에는 분명 교회 균열과 침체가 가져올 포스트 성장 시기에 대한 경각심과 위기감 역시 존재했다.

그 경각심과 위기감은 어디서 온 것인가? 2000년을 전후로 한국교회의 교회 및 교인의 숫자는 정점에 달했고, 교회 내의 인적, 물적, 사회문화적 자원 및 인프라 역시 마찬가지였다. 그러나 여기에는 짙고 어두운 그림자가 드리워져 있었다. 2000년대는 교회가 지표상으로는 계속 상승하지만 교회에 대한 각종 고발도 끊이지 않던 시기였다. 교회의 정치적, 금전적, 성적 스캔들과 교단 내부의 소음들이 미디어를 장식하기 시작하던 때였고, 교회를 향한 사회의 인식 역시 확연하게 달라지기 시작했다. 이러한 것들을 보고, 듣고, 겪으며 자란 세대들은 교회에 대한 자신감 외에도 불안함과 위태로움 등의 양가적 감정을 품게 되었다.

도대체 한국교회의 '성장'이라는 것은 대체 무엇이었는가? 그 시기를 그런 방식으로 흘러가게 했던 힘의 정체는 무엇이었는가? 분명한 것은, '성장'은 단지 규모와 양의 수직 상승이라는 단편적인 진술에 불과한 것이 결코 아니었다는 사실이다. 우리가 지나온 시기는 그보다 훨씬 복잡했다. '성장'이란 한국교회가 선교 강국을 자축하면서 사회에는 무관심할 수 있었고, 사회와 단절되어 있으면서도 정치적 진영논리와는 가까울 수 있었고, 순교신앙의 후예를 자처하면서도 사회 주류에 편승하려는 욕망을 배양할 수 있었으며, 진리를 수호하면서 무한한 내부 분열을 일으킬 수 있었고, 신학에는 엄밀하면서 동시에 윤리에 대해서는 관대할 수 있도록 이끈 역학(dynamic)의 총체이자 그 힘을 추동한 정신이었다.

여기서 성장이라는 것은 개신교인들에게 무척 익숙한 '성장운동'들이나 '성장 신학'이 지향하고자 했던 이상(ideal)과 그 이상을 표현하는 일련의 구호들과 내용들을 말하지 않는다. 한국교회의 성장은 이런 운동이나 신학보다 선행한다. 성장운동(혹은 신학)이 한국교회의 성장을 만들어냈다기보다는 오히려 그 반대인데, 그 성장이라는 것은 한국의 근대사적 맥락에서 개신교 신앙이 한국의 정치 경제, 사회문화적 배경과 복합적으로 상호작용하는 가운데 발현한 현상이자, 하나의 정신이기 때문이다. 한국교회의 성장 신학은 이미 성장 현상이 발현한 이후에 그것을 특정 방향으로 지도하려는 맥락에서 발전했으며, 성장운동은 교회 성장이 어느 정도 궤도에 오른 이후 그것을 존속-심화시키려는 맥락 속에서 대두했다.

우리를 이곳으로 이끈 성장이라는 정신 혹은 역동을 어떤 방식으로 설명할 수 있을까? 이에 대한 완결된 답을 제시하는 것도 중요하겠지만 지금으로서는 부분적 혹은 간접적으로만 가능할 것이다. 다만 이 책의 목적은 인류학적 탐구를 통해 한국교회의 가장자리에 접근함으로써 성장 신화에 가려져 있던, 그리고 이제 본격적으로 수면 위로 부상하기 시작한 한국교회의 민낯을 대면하고, 오늘날 우리가 처한 상황을 가능한 한 품에 끌어안는 것이다. 즉, 이 책은 한국교회의 가장자리에 해당하는 '부분'에 접근함으로써 '전체'를 새롭게 생각할 수 있는 시각을 제공하고자 한다.

한국의 개신교는 서서히 감소하는 중이다. 본격적으로 하강의 국면을 맞이한 한국교회 안에는 위기에 대한 이런저런 말들이 무성하다. 작가 임명묵은 오늘날 급변하는 한국 사회를 두고 다음과 같이 말했다. "익숙한 것들이 낯선 것이 되는 혼돈의 세계 에서, 먼저 우리가 해야 할 일은 아마 새로운 시대에 맞는 다른 시선을 갖추는 일일 것이다."[3] 새 술은 새 부대에 담아야 한다. 더 나은 미래를 현재로 당겨오기 위한 첫 걸음은 과거를 새로운 방식으로 생각하는 것이다. 지금 가장 필요한 것은 지난 성장의 시기를 '전성기'가 아닌 다른 무엇으로 부를 수 있는 새로운 시선과 자기이해다. 성장이 결코 당연하거나 마땅한 것이 아닌 지금, 한국교회는 이 작업에 착수할 적기를 맞이했다.

3. 한국교회에 대한 인류학적 연구: 일하는 목회자들

인류학적 연구로서 이 책은 감소하는 한국교회의 경관에 대한 스케치이자, '성장'이 화려하고도 처참하게 휘몰아치고 지나간 뒤에 남은 잔해에 대한 연구다. 그리고 이 책은 우리가 지나온 그 복잡한 시기가 무엇이었는가를 설명해 줄 수 있는 포스트 성장 시기의 두드러진 현상 중 하나로서 '일하는 목회자' 현상에 주목한다.

내가 일하는 목회자 현상에 주목하게 된 이유는 석사과정생 시절과 관련이 있다. 나는 신학교를 졸업하고 신학대학원에 진학했다가 중퇴 후 인류학과 대학원에 진학을 했다. 평생을 개신교인들, 그것도 목

---

[3] 임명묵, 『K를 생각한다』(사이드웨이, 2021), 5.

회자 지망생들 사이에서 살다가 종교인이 거의 없는 환경으로 간 것이다. 그곳에서 교회 경험이 전혀 없는 동료 대학원생들과 개신교에 관한 이야기를 자주 나누었다. 특별하고도 유익한 경험이었다. 한국에서 특히 사회학, 정치외교, 인류학을 공부하는 사람 중 한국 개신교라는 현상에 흥미와 궁금증을 가진 사람들은 적지 않았다.

인류학과 대학원생들 사이에서 신학을 전공한 나의 존재는 약간 독특하면서도 흥미로웠던 것 같다. 그들은 기독교에 대해 다양한 것들을 물어봤고, 내가 아는 선에서 대답을 해주었으며, 때로는 열띤 토론이 벌어지기도 했다. 교회의 외부자인 그들이 한국 개신교에 대해 가지고 있는 생각들을 경청하며 내가 당연하게 여겼던 많은 것들에 대해 새롭게 생각할 수 있었다. 나의 석사논문 주제 역시 동학들과 캠퍼스 벤치에 앉아 커피를 마시며 나눈 대화로부터 시작됐다.

"목사들은 왜 이렇게 잘 사는 거예요?" 어느 날은 이런 질문을 받았다. 나는 '잘 사는' 목사들은 극소수에 불과하고, 오히려 찢어지게 가난한 목사들이 더 많다고 간단하게 답했다. 그리고 요새 많은 목회자들이 '알바'를 뛴다는 사실도 덧붙였다. 그러자 또다시 질문이 돌아왔다. "목사가 왜 알바를 해요?" 나는 곧장 대답을 하려다 말고 잠시 멈춰서 어디서부터 어떻게 설명을 시작해야 할지 생각을 더듬었다.

알바를 하는 까닭은 돈이 궁하기 때문이다. 그러나 왜 그렇게 많은 목회자들이 가난해졌는지, 그들은 얼마만큼의 급여를 받고 있는지, 그 급여의 출처는 어디인지, 생계가 어려운 목사들이 많다면 교단은 무엇을 하고 있는지, 이런 질문 공세들이 뒤따라 나올 것을 생각하니 입이 쉽게 떨어지지 않았다. 교회를 전혀 다녀보지 않은 사람에게 이런 것들을 설명하는 건 결코 만만치 않은 일이었다. 그 짧은 순간에 나는 목회자의 생계 문제야말로 '전체'를 아우르는 '부분'이며, 축적된 과거를 당겨오는 현재의 사건이고, 그렇기에 인류학에서 말하는 중층기술(thick description)[4]을 필요로 하는 주제라는 사실을 직감했다.

한국교회에 대한 인류학적 연구주제를 고민하던 나는 곧바로 일하는 목회자를 대상으로 하는 민족지(ethnography) 연구를 구상하기 시작했다. 그리고 지도 교수님과의 여러 차례 토론, 크고 작은 세미나와 포럼을 통해 이 주제를 발전시켰고, 2020년에는 본격적으로 현장연구를 실시했다.

4. 연구 현장과 방법

본 연구의 현장은 주로 사이버스페이스 '일하는 목회자들'이다. '일하는 목회자들'은 페이스북 공개 그룹으로서 연구가 진행될 당시 약 8,000명의 멤버를 보유하고 있었다. 나는 온라인에서 활동하고 있는 연구 참여자들과 동일하게 실명으로 페이스북 그룹의 일원으로 활동했다. 그룹 안에서 이루어지는 이중직 목회자들의 상호작용에 대한 보다 포괄적인 시각을 견지하고자 페이스북의 '그룹 새 글 알람' 기능을 활용하여 게시되는 글들과 그 댓글들을 모두 관찰하였다. 매일 업로

---

[4] 중층 기술이란 인류학자 클리포드 기어츠의 개념으로서, 어떤 상황, 현상, 문화에 대해 단순히 물리적으로 드러나는 것만을 묘사하는 것이 아니라, 그것이 위치하고 있는 맥락들과 그 맥락들에 대한 해석의 복합적인 양상들까지 최대한 기술하는 것을 의미한다.

드되는 포스팅과 댓글들을 확인하며 필요한 내용들을 스크랩하여 수집하였으며, 필요에 따라 그룹에서 활동하는 목회자들에게 메신저를 보내어 질문을 하거나 면담 요청을 했다. 이런 일련의 방식은 인류학 연구 방법인 민족지를 구성하는 가장 주요한 기법이며 이를 참여관찰이라고 한다. 나는 이 그룹에 대한 참여관찰을 통해서 일하는 목회자들이 가지고 있는 고충들과 이들 사이에서 일어나는 갈등의 내용들, 부업의 종류들을 수집하였다.

그러나 사이버스페이스에서의 참여관찰을 통해 수집한 데이터들은 목회자들이 살아가고 있는 삶의 편린들일 뿐이었다. 이 편린들을 적절하게 이해하고 또 동시대의 한국교회 위에 위치시키기 위해서는 문헌조사가 뒷받침되어야 했다. 이를 위한 문헌조사로는 '이중직 목회자'에 대한 언론 보도 기사와 교회 관련 통계자료를 수집하였다. 기사의 경우 온라인에서 이중직 목회자와 직접적으로 관련된 24개를 수집하였으며, 통계자료의 경우는 온라인과 교단 본부 직접 방문을 통하여 교단에서 관리하는 교세, 목회자 생계와 교회 현황, 미자립교회 및 개척교회 관련 통계 자료들을 수집하였다. 이러한 자료들은 참여관찰뿐만 아니라 면담을 설계하는 데에 중요하게 사용되었다. 또한 문헌조사는 실질적으로 면담을 준비하는 상황에서 각각의 면담 참여자들이 속한 상이한 교단적 배경을 파악하고, 그들이 진술한 정보들의 타당성을 판단하는 데에도 도움을 주었다.

본 연구 수행에 가장 직접적인 연구 방법은 면담이었다. 연구현장인 페이스북 그룹 '일하는 목회자들'은 면담 대상자를 모집하는 중요한 통로가 되었다. 면담의 주요 대상은 '일하는 목회자들'에서 활동하고 있거나 과거에 활동했던 목회자들, 즉 생계 문제로 인해서 부업을 하고 있는 30~50대의 목회자들이었다. 더불어 페이스북 그룹 안에서 만난 일하는 목회자들을 통해서 다른 면담 대상자들을 소개받기도 했다.

이런 일하는 목회자들은 대부분이 일용직이나 자영업을 하는 만큼 시간에 늘 쫓기는 삶을 살고 있었는데, 면담이 진행된 2020년 4월부터 2020년 9월까지 코로나19 바이러스의 확산 및 유행으로 인해 많은 목회자들이 일이 줄거나 일터를 잃은 상황이었다. 이런 상황 때문에 기존 예상보다 많은 면담이 성사될 수 있었다. 그 외에 추가적으로 일하는 목회자들이 처한 사회, 경제, 교계의 맥락들을 더욱 포괄적이고 객관적으로 파악하기 위해서 교단의 실무자, 신학교 교직원들도 면담 대상자에 포함시켰다. 이러한 기준에 의하여 29명의 연구 참여자들과 심층 공식 면담을 진행하였다.

면담 참여자 29명의 이름 및 교단명은 모두 영어 알파벳과 한글 자음 기호로 익명 처리하였으며, 그들의 연령대와 직종에 대한 정보만을 표기하였다. 더불어 개인이나 교단이 특정될 수 있는 면담 내용 및 인적 사항들은 연구 취지와 내용이 손상되지 않는 범위 내에서 임의로 수정 및 각색하였다. 다음은 면담 참여자들과 그들의 특성에 대한 표다.

[표1] 면담 참여자 목록

번호	사례	연령대	직종 특징
1	A	40대 중반	목사-협동조합장
2	B	50대 초반	목사-카페 주인

3	C	40대 후반	목사-목수
4	D	40대 후반	목사-일용직 건설노동자
5	E	30대 후반	전도사-고시원 총무
6	F	30대 후반	목사-대학원생
7	G	50대 초반	목사-일용직 건설노동자
8	H	30대 초반	목사-구직 중
9	I	50대 중반	목사-지역아동센터 교사
10	J	40대 초반	목사-방문학습지 교사
11	K	40대 초반	목사-학원 원장
12	L	50대 중반	무임목사
13	M	50대 중반	ㄱ 교단 관계자
14	N	40대 초반	목사-아파트 경비
15	O	50대 후반	ㄴ 교단 관계자
16	P	60대 중반	ㄷ 교단 신학교 관계자
17	Q	50대 후반	ㄹ 교단 전 신학교 교수
18	R	30대 후반	전도사-기간제 교사
19	S	30대 초반	전도사-영어과외
20	T	40대 후반	전도사-방과후 교사
21	U	40대 중반	목사-청소업체 협동조합장
22	V	50대 초반	목사-카페 주인
23	W	30대 초반	전도사-대학교학과 조교
24	X	70대 후반	은퇴목사
25	Y	50대 중반	목사-경매사
26	Z	50대 초반	목사-청소업체 대표
27	AA	40대 중반	목사-용접사
28	AB	50대 초반	목사-다단계(건강기능식품)
29	AC	40대 초반	목사-공간대여업

본격적인 이야기로 들어가기 전에, 위 면담 대상자 명단과 관련해서 발생할 수 있는 한 가지 오해를 사전에 차단하고 싶다. 그것은 이 책이 특수한 목회자들에 대한 이야기일 것이라는 생각이다. 그러나 이는 사실이 아니다. 이 이야기는 한국교회 목회자 중 절반 이상에 해당하는 '보통 목회자'들에 대한 이야기다.

이들은 당신이 개신교인이든 아니든, 도시에 거주하는 시민이라면 하루에도 서너 번씩은 마주칠 수 있는 부류의 목회자들이다. 물론 그들은 '목사'로서 우리 일상에 등장하지 않는다. 그러나 이 '보통 목회자'들은 택배 배달원, 카페 직원, 택시 기사, 보습 교사, 청소업체 직원, 건설 현장 노동자, 아파트 경비원 등의 모습으로 우리네 일상 깊은 곳에서 함께 호흡하고 있다.

다음 장부터 펼쳐지게 될 이야기는 당신에게 친숙한 '목회자 이야기'는 아닐 수 있다. 그렇다고 우리와 상관없는 이야기가 아니다. 이것은 생각보다 당신 가까이에서 존재하는 이들, 오늘도 당신이 여러 차례 스치고 지나간 '보통 목회자'의 이야기다. 말하자면, 이것은 당신의 이웃의 이야기인 셈이다.

2장
왜 목회자가 일해야 하나요
한국교회의 구조와 문화

본 장은 포스트-성장(post-growth) 시기의 한국교회의 경관을 목회자들의 입장에서 살핀다. 오늘날 한국 내 정식 인가 교단에서 안수를 받은 목사가 대략 10만 명이라고 했을 때, 아마 '목회만'하며 사는 목사는 절반도 되지 않을 것이다. 과반의 목회자들이 어떤 형태로든 겸업을 하고 있다는 이야기다. 여기에 미인가 교단 목회자들을 합치면 목회만 하는 목회자의 비율은 훨씬 더 낮아질 것이다.

왜 목회자가 일해야 할까? 교회와 교단, 신학교와 목회자 사이에 어떤 상황이 펼쳐지고 있는 것일까? 본 장에서는 한국 개신교 성직자인 목회자를 둘러싼 사회경제적 배경과 교단의 구조적 실태를 파악하고, 그 안에서 목회자들은 어떤 양식으로 존재하고 있는지 살펴보고자 한다.

오늘날 한국 개신교는 구조적인 균열이 심화하고 있으며 그 균열 속에서 목회자는 극소수의 대형교회 목회자와 과반의 미자립교회 목회자로 양분화되었다. 이런 상황은 21세기 한국 개신교를 특징짓는 포스트-성장 환경 속에서 교회의 구조적 균열을 초래했다. '개척-자립'의 담론으로 규정되었던 목회자들의 삶이 좌절되고, 끝없는 서바이벌의 상황으로 대체된 것이다.

오늘날 목회자들이 경험하는 서바이벌의 상황은 어떤 형태로 펼쳐지고 있으며, 목회자들은 이러한 한국 개신교의 구조적 균열을 어떻게 경험하는가?

1. 한국교회 양극화와 미자립교회

분단 이후 한국 개신교의 역사는 한국 내에서 정치·사회의 헤게모니를 확장해 간 역사이며[5], 한국교회의 기하급수적인 성장은 한국식 근대화 및 자본주의의 정신과 그 궤를 같이한다[6]. 한국의 경제성장이 정체하기 시작한 1990년대에 들어 한국 개신교 역시 그 성장세가 둔화하기 시작했으며, 21세기에 들어오면서 짧은 정체기를 겪고 2010년 이후로는 침체기에 접어들었다.

그러나 이러한 지표가 무색할 만큼 여전히 한국 사회 어디든 교회 없는 곳을 찾아 보기가 힘든 것은 무엇 때문일까? 이는 한국 개신교 교회가 가지고 있는 독특한 특징, 즉 개신교 전반에 걸쳐 작동하는 어

---

5 윤정란, 『한국전쟁과 기독교』 (한울 아카데미, 2015); 류대영, 『한국 근현대사와 기독교』 (푸른역사, 2009)를 참고하라
6 김덕영, 『에리식톤 콤플렉스: 한국 자본주의의 정신』 (도서출판 길, 2019)

떤 역동과 구조적 긴장에서 기인한다. 개신교의 쇠퇴는 직접적이고 즉각적인 교회 개수의 감소로 이어지지 않고, '교회의 양극화'와 '미자립 교회 양산'으로 표출되고 있다. 양극화란 무엇을 말하는가? ㄴ 교단의 O는 개신교 교회의 양극화에 대해서 다음과 같이 말한다.

> **[사례 II-1] 교회의 양극화**
> 교회도 빈익빈 부익부가 심각합니다. 우리 교단에 교인 출석수 만 명 이상이라는 교회가 27개가 있어요. 우리 교단에 9,000개 교회가 있지 않습니까? 그 상위 10%면 900개 교회 되잖아요. 지금 우리 교단의 전체 교인이 280만 명인가 그렇거든요. 그 상위 10%의 교회가 교단 전체 교인의 80%를 차지해요. 무슨 말씀인지 이해하시죠. 하위 90%에 해당하는 8천 개 교회가 20% 교인을 나눠 가지고 있는 거예요. 한쪽으로 쏠려 있는 거죠. 그러니까 수많은 교회들이 교인 수가 30명, 50명, 100명 이하 이런 거예요. 여기도 빈익빈 부익부가 심하다는 거죠. 앞으로 더 심해질 가능성이 있고…. (O, ㄴ 교단 관계자)

이처럼 한국 개신교의 대형 교단 중 하나인 ㄴ 교단의 경우 양극화가 이미 극심하게 진행된 상태이며 다른 교단들도 상황은 대동소이하다. 그런데 이 양극화는 하루 이틀 사이에 일어난 일이 아니라 오히려 한국교회가 가파른 성장 가도를 달리던 때부터 예견된 일이었다. 사회학자 김덕영은 그 원인을 '대형교회 중심의 성장'에서 찾는다.

"한국 개신교의 역사는 국가-재벌 동맹자본주의에 기반하는 환원적 근대화 과정과 유사한 점을 보여준다. 후자가 1960년대 이후 급속한 경제 성장을 이룩했다면, 전자는 1960년대 이후 급속한 교회 성장을 이룩했다. 그런데 전자는 또 한 가지 점에서 후자와 유사한 점을 보여 준다. 후자가 대기업, 보다 정확히 말하자면 재벌을 중심으로 경제성장을 이룩했다면, 전자는 대형교회를 중심으로 교회 성장을 이룩했다."[7]

한국교회의 눈부신 성장의 이면에는 전체 교회 중 영세한 소형교회들이 차지하는 비율이 과반이 넘는다는 그림자가 드리워져 있는데, 이는 한국교회가 대형교회를 중심으로 빠르게 성장했기 때문이다. 다만 기독교가 가파르게 성장할 때는 이 영세한 교회들에도 '언젠가는 저렇게 성장하게 될 것'이라는 가시적이고 타당한 몽상이 존재했고, 개신교는 그런 몽상을 신과 신앙의 이름으로 축복했다. 따라서 영세한 교회들이 절반을 넘어가는 구조적 문제는 사회적으로나 교단적으로 크게 부각되지 않을 수 있었다.

그러나 한국교회 전체의 성장이 둔화하기 시작하며 작고 영세한 교회들이 성장할 수 있는 기반이 사라져 버리자, 계속해서 늘어나는 작고 영세한 교회들은 교단 입장에서는 해결해야 할 중대한 문제가 되었다. 이런 교회들을 특별히 관리하기 위해서 교단별로 유사한 기준을 설정해 놓았는데, 여기에 해당하는 교회들을 '미자립교회'라고 부른다.

---

7 같은 책, 242

[사례 II-2] ㄴ 교단 미자립교회

2012년부터 통계가 있거든요. 2019년 보면 전체 교회가 9,000개고, 미자립교회는 3,000개입니다. 비율로는 36%. 그중에서 일 년에 70개 정도가 자립했다고 보면, 자립률이 2% 정도 밖에 안 돼요. 자립이 상당히 어렵다는 거죠. 자립이라는 게 결국 경제적 자립을 이야기하는 거거든요. 경제적 자립은 '그 교회가 목회자의 월급을 제대로 줄 수 있는가', 그걸 이야기하는 거예요. 그럼 미자립교회라는 건 뭐냐. 목회자의 월급을 못 주는 교회를 미자립교회라고 하는 거예요. 톡 까놓고 이야기하면 그렇다는 거예요. 따로 기준은 있죠. 총회 기준이 농어촌기준은 연 결산 2,000만원 중소도시는 2,500만원 대도시는 3,000만원인데. 요즘 4인 가족이 연봉 3,000가지고 도시에서 살 수 있습니까? 불가능하잖아요. **근데 2004년에 세운 기준을 그대로 가지고 있어요. 16년 전 기준이죠. 기준을 올리면 미자립교회가 그만큼 늘어나니까. 그럼 교단이 감당을 못하잖아요.** (O, ㄴ 교단 관계자)

[사례 II-3] ㄱ 교단 미자립교회

정말 힘들죠, 목사님들. 목사들이 돈 많다고 밖에서 어쩌고저쩌고하는 건 천분지일 만분지일이에요. 미자립교회 상황은 ㄱ 교단 통계표에 그대로 드러납니다. 44% 정도는 미자립 상태(연 3,500만원 이하)에 있어요. 미자립교회는 교인 12명 이하 교회를 말합니다. 12명이 교회 설립기준 인원이거든요. 그리고 지방으로 갈수록 미자립교회가 50%를 넘어섭니다. 불교야 주지가 결정 권한이 많지만, 우리 교단은 조직에서 모두 다 모여서 결정하고 돈 어떻게 쓸 건지를 하위조직에서 재확인한 다음 결정을 해요. 각 조직마다 예산심의위원회가 다 따로 있으니까요. 각 교단 본부나 교회마다 작건 크

건 거기서 결정해서, '목사님 올해 월급 100만원 밖에 못 드립니다.' 그러면 100만원만 주는 거예요. (M, ㄱ 교단 관계자)

[사례 II-4] ㄹ 교단 미자립교회

Q: 저희 교단도 지금 보면 경상비 2500만원 미만 교회가 45%에 가까운 거죠. 이게 도시인지 농촌인지에 따라 다른데, 00시를 보면 교인 수 30명 정도가 되면 교회 재정 수입이 3000만원정도 되는 거 같아요.
연구자: 그 경상비에 목사님 사례비도 포함되나요?
Q: 사실상 사례비는 없는 거죠. 사모님들이 일하고….
(Q, 전 ㄹ 신학교 교수)

교단별로 미자립교회의 기준은 거의 동일하며, 전체 교회 대비 미자립교회의 비율은 절반가량이다. 흥미로운 점은 각 교단들이 이에 대한 대책을 마련하고자 전담 부처를 설치하여 관리를 함에도, 도리어 양극화는 더욱 심화된 것처럼 보이는데, 그 이유는 무엇일까?

ㄴ 교단의 O는 그 이유로 한국 개신교가 체화한 독특한 정치적 형태인 '개교회주의'를 꼽는다. 즉, 교단이 존재하고 교회들은 교단에 소속되어 있음에도 불구하고, 교단의 질서나 정치 체계의 구속력은 거의 남아있지 않는다는 것이다.

정치적 구속력이 남아있지 않는다는 것은 경제적 구속력 역시 거의 없다는 사실과도 깊은 관련이 있다. 대부분의 교단의 경우, 교회의 수입, 즉 교인들의 헌금으로 벌어들인 교회의 수입은 교단으로 들어가지 않을 뿐만 아니라 정확한 액수가 보고되지도 않는다.

목회자들의 봉급 역시 교단에서 나오지 않으며 각 지역 교회가 자율적으로 정해서 지급한다. 그렇기에 교단이 교회에 미치는 실질적인 영향은 미약해질 수밖에 없고, 교단의 역할은 소속과 상징만으로 축소된다.

> **[사례 II-5] 개교회주의 vs 공교회주의**
> 한국교회는 개교회 중심적이잖아요. 교회가 모여서 노회가 되고, 노회가 모여서 총회가 된다고 생각하는 거지. 교회가 노회에 상회비를 내고 노회가 그걸 모아서 총회에 내요. 그럼 어떻게 되냐면, 총회는 노회 눈치를 보고 노회는 교회 눈치를 봐요. 그렇기 때문에 노회는 교회에 대해 소극적 행정을 할 수밖에 없어요. 총회는 노회나 지역 교회에 대해 소극적 행정을 할 수밖에 없고요. 네, 그러니까 관리가 안 되는 거예요. 목사 후보생 수 조절도 안 되고요. 미자립교회? 옆에 교회랑 합치면 되지! 근데 우리나라에서 그게 됩니까? 절대 안 된다고요. 개교회 중심적이기 때문이에요. (O, ㄴ 교단 관계자)

> **[사례 II-6] 한국교회는 다 똑같다.**
> 교단의 정치적 구조적 차원에서는 그런 문제들이 있어요. 우리나라 현재 개신교 풍토가 개교회 중심적이잖아요. 누가 그런 이야기하잖습니까. 한국교회는 감리교건, 장로교건, 성결교건, 침례교건, 순복음이건 다 똑같다. 정치제도는 다 장로교를 따르고, 영성은 다 순복음 계통이고, 뭐… 이런 이야기들 하잖아요. 교단의 특성이 없어요. 한국교회는 다 똑같아요. 그러니

> 까 이 교회, 저 교회 다 다녀도 결국에는 '오산리최자실 기도원'[8]에서 다 모이잖아요. 우리는 그렇다는 거예요. (ㅇ, ㄴ 교단 관계자)

이처럼 개교회 중심주의적 한국교회 풍토는 미자립교회들을 지원하려는 교단의 노력을 물거품으로 만드는 강력한 '교회론(ecclesiology)'이다. 그런데 역설적이게도 이 개교회주의란 실상 교회들의 무한한 경쟁과 소수 교회의 무제한 성장을 가능케 함으로써 교회의 양극화를 추동해온 핵심적인 동력원이라 할 수 있다. 개교회주의로 인해 소수의 초대형교회가 한국교회의 성장을 이끌어 온 풍토 속에서 미자립교회가 양산된 것은 어쩌면 당연한 결과일지 모른다.

교단마다 나름대로 미자립교회 해결 방안을 마련해보지만, 그 효과 미미할 수밖에 없는 또 하나의 이유는 교회가 자립할 수 있는 유일한 방법인 '교인 증가'로 인한 자립이 이제는 매우 어려워졌기 때문이다.

실제로 최근 자립한 교회들의 사례를 보면 교인 증가로 인한 자립 외에, 다양한 사유들이 생겨난 것을 확인할 수 있다. 한 교단에서 발간한 자립전환교회보고서는 미자립교회에서 자립교회로 전환한 교회들의 자립 사유가 '교인 증가, 헌금수입증가' 외에도 '노회의 집중 지원', '사모(혹은 자녀 등)의 수입', '목회자의 부업 수입', '정부 보조금 등 기타 부수입', '교회 자체 자립사업(농축수산물생산, 협동조합 등) 실시'와 같

---

[8] '오산리최자실기념금식기도원(오산리 기도원)'은 오산리에 위치한 여의도순복음교회의 부설 기도원이다. 1968년에 여의도순복음교회 담임목사인 조용기 목사와 그의 장모인 최자실 목사에 의해 세워졌다. 오산리 기도원은 여의도순복음교회 소속 기도원임에도 불구하고 70, 80년대 한국교회의 기도원 운동을 주도하며 교단 불문 수많은 개신교인들을 끌어 모았던 한국을 대표하는 기도원 중 하나이다.

이 다변화되었음을 보여준다.

　영세한 교회들은 결국 각종 지원과 보조금에 의존할 수밖에 없는데, 이 사실이 야기한 또 하나의 문제가 있다. 개교회 중심적이고 교단의 통제력이 약한 한국교회 상황에서 지원과 보조에 의존하는 교회들이 많아지자 '지원금의 쏠림 현상'이 나타나기 시작한 것이다.

　교단의 입장에서는 심각한 문제였다. 개인적인 인맥이나 수완이 탁월한 미자립교회 목회자의 경우에는 지원금만으로 생계와 교회 유지가 가능하지만, 그렇지 못한 목회자들의 경우에는 사각지대에 놓이게 됐기 때문이다. 즉, 한국교회의 빈익빈 부익부 현상이 교단 구조와 결합하여 미자립교회 내의 빈익빈 부익부 현상으로 번진 것이다. 이 때문에 ㄱ 교단에는 지원금과 관련한 웃지 못할 해프닝이 일어나기도 했다.

　ㄱ 교단은 최초로 이중직 목회를 명시적으로 합법화한 교단으로서, 이 법안이 통과될 당시 큰 반향을 일으켰다. 그런데 이중직을 합법화한 이유는 미자립교회들이 받는 지원금과 관련이 있었다. ㄱ 교단은 부업을 해서 교회를 운영하는 목회자의 경우 노회나 다른 교회로부터 지원금을 받는 것을 이중 수혜로 본 것이다. 따라서 교단에 자신의 부업 내용(시간, 급여 등)을 신고하여 '파송장'을 발부받은 이중직 목회자들에 한하여 이들을 합법적 목회자로 인정해주었다.

　이렇게 파악된 미자립교회 목회자들은 지원금 수령 명단에서 제외하여, 부업을 하지 않는, 그리고 지원도 덜 받는 교회들에게 지원금을 더 주겠다는 것이 이 이중직 목회자 합법화의 골자였다. 정책은 시행되었으나 교단의 의도대로 신청서를 작성하여 파송장을 발부받은 목회자들은 거의 없었다. 그 이유는 무엇일까?

> **[사례 II-7] 이중직 신청서를 쓴 사람이 없는 이유**
>
> 자기 생활이 노출되니까 그렇죠. 그거(교단에서 받는 지원) 외에도 (미자립) 교회들이 지원을 받잖아요. 타교회의 지원을 받거나 교단 내에서 지원을 받거나 하는데 그 지원들이 문제가 생길 수 있다는 생각하고. 10만원씩 다섯 교회에서 지원을 받아왔는데, '네가 사업을 해서 활동을 해서 생활비를 번다고 하니까 안 보낸다.' 할 수가 있잖아요. 그래서 신청서를 쓰지 않고. 아르바이트 수준의 활동을 하는 경우가 있어요. '한 달에 30만원, 50만원 것들까지는 쓸 필요가 없지 않느냐.' 그래서 그런 자잘한 것들은 실제적으로 작성을 안 한 거지요. (M, ㄱ 교단 관계자)

이런 이유로 법안이 실효가 없어지자 ㄱ 교단은 이중직 목회를 범과조항으로 상정을 했는데, 이는 기존에 합법화한 것을 다시 위법으로 바꾼다는 취지라기보다는 원래 교단의 의도대로 정책을 시행하기 위한 보완 조치였다. 즉, 기존에 합법화한 이중직 목회 조항에 따라서 신고하지 않고 부업을 하면서 다른 교회나 기관들로부터 지원금을 받는 목회자들을 처벌하겠다는 것이었다. 안타깝게도 이 범과 조항은 총회에서 다른 안건들에 밀려 다루어지지 못한 채로 지나갔다.

ㄱ 교단의 사례는 과반수 미자립교회들이 지원금과 이중직 목회에 의존해서 생존할 수밖에 없는 현실을 보여줄 뿐만 아니라, 과거에는 기하급수적 성장의 동력원이었던 개교회주의적 교회론이 개신교 성장이 멈춘 오늘날에는 교회 관리 및 통제의 발목을 잡고 있는 상황을 잘 보여준다.

정리하자면, 한국교회는 대형교회를 중심으로 급격한 성장을 이루어 온 탓에 극심한 양극화를 겪고 있다. 이 양극화는 한국교회를 초대형교회와 미자립교회로 양분화했으며, 교단은 이런저런 방법들을 동원해서 미자립교회 현상을 해결해보려 하지만 뿌리 깊은 개교회주의와 개신교의 닫힌 성장판으로 인해 양극화와 미자립교회 현상은 더욱 심화되고 있다.

2. 목회자 수요 공급 불균형, 그리고 개척교회

미자립교회 양산의 더욱 근본적이고도 직접적인 원인은 따로 있다. 바로 한국 개신교 교인은 감소 일로를 걷는 반면, 목회자들은 '아직' 감소하지 않고 있다는 것이다. 목회자가 감소하지 않기에 미자립교회는 계속해서 생겨나고, 그 미자립교회들은 대형 교회들이나 교계 기관들로부터 받는 지원에 의존하게 된다. 그러나 그 지원은 과반이 넘는 미자립교회들을 자립시키기에는 충분하지 못하고, 새로 유입되는 교인 역시 터무니없이 적다.

즉, 교인 수 대비 목회자의 수요공급이 맞지 않는다는 것이다. 왜 한국교회에는 이렇게 목회자들이 많이 생겨나게 되었는가? 이들은 모두 왜, 어디서 온 사람들인가? ㄴ 교단 관계자 O에 의하면 목회자 수요 공급 불균형은 한국의 경제 성장 그래프와 밀접한 관계를 맺고 있다. O는 수요공급 불균형으로 인해 발생한 '잉여 목사'들의 전형을 다음과 같이 묘사한다.

[사례 II-8] 목회자 수요공급 불균형의 원인

제가 (미자립교회 지원 사업을) 오래 하지 않았습니까? 자립할 분들은 다 자립했어요. 남은 분들은…. 제가 연령도 매년 보잖습니까. 개인적인 사견인데 평균 연령이 다 60년생이세요. 50대 후반. 소위 58년 개띠 세대들이에요. 1차 베이비붐세대. 그 분들이 다 새마을 운동 겪고 경제 부흥기에 있었던 분들이잖아요.

그니까 이분들이 목회를 하면서, 안 해봤겠어요? 해볼 거 다 해봤어요. 고구마 전도, 관계 전도, 인삼 전도[9], 다 해봤겠죠. 안 되는 거예요. **왜 안 될까요? 자기 재능이 안 맞는 거예요.** 근데 이제 나이 들었잖아요. 바꿀 수 없잖아요. 애들 다 컸어요. 그니까 이분들은 뭐예요? 70세 은퇴니까. **'70세 은퇴할 때까지만 이렇게 해주세요. 기초 생활비 보장해 주세요.'** 이런 분위기인 거예요. 말하자면. 근데 근본적인 문제로 들어가자면…. **이분들이 목사 후보생이 돼서 신학교에 갔을 때 떨어뜨렸어야지. 근데 우린 그렇게 안 했다고.** 합격하면 등록금으로 먹고 사니까 다 뽑는 거예요. 우리 신학대학 교수님들 이야기를 들어보면. 지방에 있는 신학대학원생들 중에는 불량감자들이 있다는 거예요. '아 저 친구들은 왜 왔는지 모르겠다.' 이게 현실이에요. 통제가 안 되는 거예요, 통제가. (O, ㄴ 교단 관계자)

---

9   개신교 교회 및 교인들이 비신자들을 전도하기 위한 방법들. 고구마 전도란 되던 안 되던 '찔러보는' 전도 방법을 말한다. 반면 관계 전도란 무작정 찔러보는 것이 아니라 포교 대상자와 충분한 관계를 형성한 후 전도를 하는 방법이다. 여기서 O가 말하는 '인삼 전도'란 고구마 전도와 관계 전도에 이어지는 수사적 표현이며, 할 수 있는 모든 방법을 동원해서 전도와 목회를 시도해 보았다는 의미이다.

> **[사례 II-9] 미자립교회 증가와 목회자 수급**
>
> 교회가 1년에 100개씩 늘어나는데 그게 다 도시 미자립교회, 도시 개척교회들이라는 거예요.(…) 이게 목회자 수급과 관련이 되어 있는 거예요. **왜냐면 신학대학교들이 자기가 먹고살아야 하니까. 신학대학교들의 가장 큰 주 수입원은 학생들 등록금이에요.** (O, ㄴ 교단 관계자)

미자립교회 증가의 근본적인 원인은 통제되지 않는 목회자 수급 불균형이다. 그렇다면 신학교를 중심으로 목회자 양성과 교회와 교단의 생리가 어떻게 작동하는지 살펴볼 필요가 있다. 목사가 되기 위해서는 자신이 속한 교단의 3년제 신학대학원(목회학 석사)을 졸업한 후 교단마다 정해 놓은 일련의 자격 과정을 거쳐야 한다. 신학대학원 3년의 기간을 합쳐서 목회자가 되는 데에 필요한 기간은 평균 5~6년 정도이다.

그러나 이렇게 배출된 목회자들이라고 해서 자동적으로 지역 교회의 목사가 되는 것은 아니다. 목사 자격을 얻은 이들은 각 지역 교회에서 내는 '청빙 공고'를 보고 원하는 교회에 지원한다. 그 후 서류 및 면접 과정을 거쳐 합격하여야 비로소 전업 목회자로서 목회직을 수행하게 되는 것이다.

정재영에 따르면 교육부 인가를 받은 신학대학원들이 배출하는 졸업생의 수는 매년 약 7,000명이다. 반면에 1년 동안 설립되는 교회는 많아야 2-3,000개이며, 그나마 이 중에서 닫지 않고 유지되는 교회는 극소수다. "사정이 이렇다 보니, 최근에는 교회 규모와 청빙에 지원하는 목회자 수가 비례하여, 교인 수 100명 규모의 교회에는 1백여 통의 지원서가 들어오고, 교인 수 1,000명 규모의 교회에는 1천여 통의 지원서가 들어온다고 할 정도이다"[10]

  목사라면 모두 교단에 소속되어 있지만, 교단은 목사의 생계에 관여하지 않는다. 즉, 목사들은 급여뿐만 아니라 주거나 자녀 교육, 보험, 연금 등 생활 기반에 관련된 모든 것들을 알아서 해결해야 한다. 교인 수 1천 명 이상의 중대형 교회 담임 목사들의 경우에는 해당 교회가 담임 목회자의 급여와 자녀 교육, 보험, 연금 등을 부담하는 것으로 알려져 있으나, 여기에 해당하는 목사는 전체 개신교 목회자 중 극소수에 불과하다.

  교단을 막론하고 대동소이한 이 개신교 교회의 구조는 개신교 목회자의 경제적 생존을 전적으로 개인의 역량과 자질, 인맥 등의 불확실성에 의존하게 만든다. 더불어 이러한 구조는 교회나 목회자들에 대한 교단의 구속력을 약화시키는 동시에, 전체 교계에 일종의 시장 논리와 계급적 위계가 작동하게 하는 기반이 된다.

  목회자의 수요공급이 문제가 되는 까닭이 바로 여기에 있다. 목회자들이 일할 수 있는 교회는 점점 줄고 목회자들은 과잉공급되었기에, 결국 이들은 어떻게든 목회 외의 방법을 동원하여 각자 알아서 생계를 해결해야만 하는 것이다. 실제로 청빙이 되어 전업 목회자가 된 이들보다, 임지 없이 떠도는 '무임 목사'들이 증가하고 있다.

  대한예수교 장로회 통합교단에서 공개한 교세 통계를 보면, 2009년에서 2018년까지 교회 수는 7,997개에서 9,190개로 1,193개 증가한 반면, 목사의 수는 14,997명에서 20,506명으로 5,509명이 증가

---

10   정재영, 『강요된 청빈』(이레서원, 2019), 48~49.

했다. 10년간 교회 수는 약 15% 증가한 반면, 목사의 수는 훨씬 큰 폭으로 약 36%가 증가한 것이다. 같은 기간에 전체 교인의 수는 약 25만 명이 줄었다.

이와 같은 통계 지표의 모양새는 주요 7개 교단(예장합동, 예장통합, 감리, 고신, 합신, 기장, 기성)이 모두 동일하다. 뉴스앤조이가 2004년부터 2018년까지 주요 7개 교단의 교세 통계를 취합한 결과에 따르면, 교인 수는 교단에 따라 2000년대 후반에서 2010년대 초반까지 정점을 찍은 후 급격히 하락하고 있다. 반면, 목사와 교회는 10년 전에 비해 모두 증가했다. 교단 7곳의 목사는 15년 전보다 평균 55.4% 증가했고, 교회도 평균 24.9% 증가했다.[11]

지표가 말해주는 한국교회의 현주소는 '증가하는 교회, 증가하는 목회자, 감소하는 교인'이다. 그러나 교회가 증가하는 원인이 교회를 개척하는 목회자가 늘어나기 때문임을 감안하면, '증가하는 목회자, 감소하는 교인'으로 한국교회의 상황을 요약할 수 있다.

그렇다면 왜 목회자의 공급은 조절되지 않는 것인가? 크게 두 가지 이유가 있다. 첫째는 개신교의 지난 3-40년 간 기하급수적 성장 속에서 비대해져버린 신학교의 운영 때문이다. 개신교가 가파르게 성장하면서 동시에 신학교들 역시 그 규모가 급속도로 커졌다. 신학교들의 성장은 1990년대 초에 약 250개 정도였던 신학교의 수가 현재는 400여 개로 늘어난 사실에서 잘 드러난다. 이는 그만큼 목사가 되려는 사람들이 많았다는 사실을 반증한다.

---

11   뉴스앤조이, "주요 교단 7개 교인 수, 정점 찍고 128만 명 빠졌다", 2019.10.07

한편, 불행하게도 이것이 신학대학원을 졸업한 목사들이 목사로서 일을 할 수 있는 임지가 보장되는 것을 의미하지는 않았다. 일종의 시차가 존재하기 때문인데, 교육부의 정식 인가를 받은 신학교의 경우 신학대학원에 입학한 시점에서 목사가 되는 데는 약 5년 정도의 시간이 걸린다. 그리고 담임목사가 되는 40대 초중반까지의 시간을 지역 교회의 부목사로 일한다.

따라서 신학교에 입학한 이후 담임목사가 되기까지의 시간을 대략 10년으로 잡는다면, 교단의 입장에서는 약 10년 후 교세를 예측하여 신학대학원의 입학 정원을 조절하는 것이 바람직하다. 그러나 이는 어디까지나 단순한 산술적 계산에 근거한 것이지, 10년 후의 교세를 예측하여 거기에 맞추어 정원을 조절하는 것은 불가능한 일이다.

따라서 신학교들은 매년 쏟아지는 신학교 입학생들을 받으며 목회자들을 배출해왔다. 그렇게 신학교들은 점점 더 규모가 커졌고, 지난 2-30년간 신학교에 물밀듯 밀려오는 사람들로 인해서 비대해진 규모를 유지하기 위해서라도 신학교의 입장에서는 입학생들을 꾸준히 받아야만 했던 것이다.

[사례 II-10] 목회자 과잉과 신학대학원 정원 감축

목회자 과잉의 문제, 즉 공급 과잉의 문제가 기본에 있는 이야기기 때문에⋯. 근데 그건 우리 차원에서 해결될 수 있는 건 아니고, 총회 산하에서 해결해야 하지만⋯. 우리는 지난 4년 동안 24%를 줄였어요. 신학대학원 정원을요. 우리가 할 수 있는 건 최선을 다해서 하고 있죠. 그러나 하여튼 우리가 할 수 있는 건, 정원을 그렇게 줄였죠(⋯) 가난은 예수님 오실 때까지

> 해결 안 되는 문제죠. 그래도 같이 한다는 게 중요하죠. 다른 학교는 (신학생 정원을) 4%씩 줄였어요. 우리는 좀 더 많이 줄였고요. 여기서 더 많이 줄이는 건 있어 봐야죠. (P, ㄷ 신학교 관계자)

신학대학원이 최근에 들어서야 정원을 감축하기 시작한 것은 뒤늦게라도 목회자 수급을 조절하고자 하는 의도도 있지만, 입학 경쟁률이 이전에 비해서 현저하게 떨어졌다는 것이 가장 중요한 이유일 것이다. 이는 수도권에 위치한 주요 교단의 신학교들 역시 예외가 아니다.

한국 개신교에서 가장 큰 규모의 교단 신학교인 장로교 산하 장로회신학대학교 신학대학원과 총신대학교 신학대학원의 경우 각각 2020년 입학 경쟁률이 1.85 대 1과 1.26 대 1을 기록했다. 감리교와 성결교의 경우 정원을 채우지 못했으며 한신대는 정원 80명 중 절반도 채우지 못했다.[12] 각 주요 교단의 대표 신학교들의 사정이 이렇다 보니 지방 신학교들이나 미인가 신학교들의 경우는 더 이상 입학 정원을 채울 수 없어서 사라지거나 통폐합되고 있는 실정이다.

목회자의 공급이 잘 조절되지 않는 두 번째 이유는 교회 내의 모순적 노동 구조가 만들어낸 악순환이다. ㄱ 교단 관계자 M은 양산되는 미자립교회의 해결 방안으로 '목회자 수급 위원회'가 만들어졌지만 수급 조절이 잘되지 않았다면서 그 원인으로 교회 내부에 존재하는 모순적 구조와, 그것이 초래한 악순환이 어떻게 작동하고 있는지 다음과 같이 설명한다.

---

12 노컷뉴스, "신대원 경쟁률 갈수록 하락", 2019.12.22

[사례 II-11]

연구자: 미자립교회가 60~80%인 것에 대한 교단의 대안은 무엇인가요?

M: 대안을 찾아보면서 '목회자 수급 위원회'라는 단체를 만들었어요. 교역자를 적절히 조절해 나가자 했는데, 조절은 안 되고 뽑는 거에만 집중이 되어 있다 보니까…. 목회자 양성하고 그 사람들 각 지역으로 배분하는 거에만 관심이 있지. 사실은 인구 조절하듯이 교역자 조절을 잘 못하고 있죠. 현실적으로.

연구자: 왜 조절이 안 되나요?"

M: 당장 급해요. 저희 교단 목사 그룹들 안에는 부목사들 그룹이 있죠. 부목사들은 큰 교회에 속해있거나 큰 교회에서 특별한 일을 맡은 사람들이에요. 부목사들은 어쨌든 교회에 소속되어 있고 담임목사의 지휘에 따라 움직이다 보니까. 영급이 높잖아요. 그니까 급여가 높죠. 그러니 **'그 사람들보다는 신출내기 전도사들을 써서 급여를 적게 주고 활동을 하는 게 더 유리하겠다'**라고 생각을 하니까. 전도사들은 급여도 적고 생활 복지혜택도 작아도 괜찮으니까…. 역 구조가 일어나는 거예요. 중간에 있는 부목사들 경우에는 실직하는 경우들이 점점 생기고. 부목사들이 실직한 만큼 전도사를 써야 하잖아요. 그니까 전도사를(신학생을) 많이 뽑아. 시간이 흘러 이 사람들이 또 부목사가 되면 같은 구조로 돌아가니까. '이게 뭐지?'라는 생각을 하는 거예요. 그래서 '목회자 후보생(전도사) 최대한 조금 뽑아라. 그리고 부목사들을 활용을 해서 그 사람들이 취업할 수 있도록 교회에서 일할 수 있도록 도와 달라.'라고 하는데, 그게 잘 안되죠.

연구자: 쉽게 말해서 목사는 덜 필요한데 전도사는 더 필요한 거네요.

M: 소액으로 많이 활동을 할 수 있으니까요. 어느 정도 되면 영급도 있고 급여도 많이 줘야 하고 사택도 마련을 해줘야 하니까. 사택이 요즘 심각하잖아요. 사택을 해줘야 하는데, 전세가 3억씩 되니까요. 그러다 보니 교회마다 부목사 들이기가 만만치 않죠. 반면에 전도사들은 '너희 집에서 각자 움직이고 일만 해라' 이런 식으로 할 수 있고요. 원래 목사들은 사택을 줘서 안정된 일을 할 수 있게 해줘야 하는데…. 그렇기 때문에 전도사들 뽑는 수를 줄일 수 없고. 그게 지금 악순환으로 가고. (M, ㄱ교단 관계자)

임지가 없는 대다수의 목사들에게 남겨진 선택지는 무엇이 있는가? 즉, 목회자들은 교회의 구조적 악순환을 어떤 방식으로 경험하고, 어떤 선택을 하는가? 목사들에게 가장 전통적이고도 자연스러운(것이라 여겨지는) 선택지는 새로운 교회를 세우는 것, 즉 '개척'이다. 그러나 앞서 살펴본 것처럼, 감소하는 교인 수와 증가하는 목회자 수를 감안할 때 교회 개척 역시 하나의 선택지라기보다는 현실에 내몰린 사람들이 선택하지 않을 수 없는 또 다른 막다른 길이다. 즉, 기존 교회에 청빙을 받아 담임목사가 되지 못한 사람들이 울며 겨자먹기로 선택하는 것이 교회 개척인 것이다. 그런데 이 개척교회는 미자립교회의 증가와 매우 긴밀한 관계를 맺고 있다.

[사례 II-12] 미자립교회가 줄지 않는 이유 - 개척교회

교회자립사업이라고 해서, 그땐 이렇게 생각했죠. '10년 정도 지원을 하면 미자립교회가 줄어들 것이다.' 그런데 오히려 미자립교회 수가 자꾸 늘어나는 거예요. 왜 그러느냐? 빤하죠. 여기 자료를 보시면 아시지만 농촌교회 수는 매년 거의 그대롭니다. 교회가 1년에 100개씩 늘어나는데 그게 다 도시 미자립교회, 도시 개척교회들이라는 거예요. 목회자들이 도시에서 개척을 했는데 자립하지 못하더라는 거예요. 왜 개척하게 됐느냐? 목사들이 큰 교회에서 목회를 하다가, 담임목사를 할 나이가 됐는데 갈 데가 없다는 거예요. 그러니까 개척을 하게 되는 거죠. 어떤 이유건 간에 나와서 개척을 했는데 자립을 못하는 교회들이라는 거죠. 그게 일 년에 100개씩 늘어난다는 거죠. (O, ㄴ 교단 관계자)

2011년 교회를 개척한 후 지금은 식구 포함하여 열 명의 교인과 함께 교회를 꾸려 가고 있는 I 목사는 다음과 같이 말한다.

[사례 II-13] "그래서 하는 거가 개척이죠."

젊은 사람들은 부교역자로 갔는데. 그(부교역자로서의) 나이가 한계가 있잖아요. 이제 갈 데도 없어. 그렇다고 때려치울 수도 없어. 그래서 하는 거가 개척이죠. 그러면, 코스는 똑같아져버려. 앞에 60 넘은 목사님들의 모습이나, 젊은 사람들이 갈 데 없어서 개척을 했을 때, 그게 5년, 6년 지나면 모양은 똑같아져버려. 그나마도 교회를 포기 못하는 것 중의 하나가. 교회라는 타이틀을 가지고 있으면 구제비네 선교비네라는 명목으로 도움을 받을 수 있는 소지가 있어요. 그러니까 그런 함정들이 있어요. 그러니까 과감하게 때려치울 수도 없어요. 명분을 유지할 수 없는 그런 딜레마. (I 목사, 50대, 지역아동센터 교사)

개척교회 목회자들이 겪는 어려움의 가장 근본적인 핵심은 교인이 늘지 않는 것이다. '고구마 전도, 관계 전도, 인삼 전도'를 비롯하여 이런 것, 저런 것 할 수 있는 방법을 다 동원해 보지만 결국 자립 선까지 교회가 성장하는 것에 실패한다. 그런 상태로 시간이 지나면 개척교회는 자연스레 미자립교회가 되고, 이런 미자립교회 목회자들은 자괴감, 좌절감, 무기력감에 빠진다. 이렇게 내몰려서 개척하게 된 목회자들이 경험하는 고충들은 경제적, 심리적, 신학적, 사회적인 것들이 얽히고 설킨 형태로 존재하며, 이는 곧 한국교회의 눈부시고도 가파른 성장 이면에 드리워진 어두운 면 중 하나라고 할 수 있다.

> **[사례 II-14] "빛이 안 보이는 거예요."**
>
> 그것도 좀 웃긴 거예요. '이렇게 계속해야 되겠다. 이걸 어떻게 바꿔봐야겠다.'라는 빛이 안 보이는 거예요. 제한된 인적 인프라와 경제적인 상황 속에서 내가 뭘 할 수 있을까. 교회도 내가 이 상황 속에서. 내가 업그레이드를 꿈꾸기에는 너무 이게 좀…. 판이 넓지 않은 거예요. 희망이 없는 게. 사실 이게 제일 고민이죠. 여기서 뭐 상황이 바뀔 수 있는 변수가 없는 거예요. 저한테는. (D 목사, 40대, 일용직 건설노동자)

이렇듯 개척교회 목사들이 경험하는 어려움은 단지 경제적 어려움으로 설명될 수 있는 것이 아니다. 이 무기력감에는 경제적, 신학적, 사회적, 심리적 이유들이 교차하고 있으며, 그 본질은 미래를 주체적으로 계획하고 무언가를 도모해 볼 수 있는 가능성이 보이지 않는 현실에 대한 무기력감이다. 달리 말해, 개척교회가 시간이 지나 미자립교회가 되는 것 외에는 달리 상황이 바뀔 수 없다는 것이다.

실질적으로 개척교회와 미자립교회는 시간적으로만 구분될 뿐, 교회의 형태나 규모 면에서는 구분되지 않는다. 거의 모든 개척교회는 개척하고 일정한 시간이 지나면 미자립교회가 된다. 그리고 개척교회와 미자립교회가 잘 구분되지 않는 만큼, 미자립교회와 '가정교회'[13] 역시 잘 구분되지 않는다.

> **[사례 II-15] 개척교회인가 미자립교회인가 가정교회인가**
>
> 사모님들은 백 퍼센트 일하고 있을 거 아니에요. 목사들이 일을 하는데 뭘 할 건지 고민을 하는 거지. 그 목사 안수 받아놓은 거, 그게 덜미를 잡아서 어디 가지도 못하고 '가정교회'라는 이름으로…. OOO목사 아시죠. 그런 양반들이야 지명도가 있으니까 산속에다가 십자가를 걸어도 사람이 몰리고 하는 거잖아요. 지명도 없이 목사 안수만 받고 사명으로 하는 사람이 가정교회를 이야기했을 때는 교인 수가 식구에 부모에 친척, 다 해서 많아야 세 가정? 그걸 못 벗어나는 거예요. 그걸 들여다보세요. 몇 명이 중요한 게 아니라, 누가 오고 있느냐. 거기에 타인이 있느냐. (I 목사, 50대, 지역아동센터 교사)

> **[사례 II-16] 가정교회 목회는 목회인가 아닌가**
>
> 목회라는 거가요. 좋은 말로 해서 가정교회지 다른 말로 하면 목회 안 하는 거예요. 근데 그걸 대놓고 '나 목회 안 해.'라고 말을 못 할 뿐이죠. 근데 그거

---

13 오늘날 한국교회에는 '가정교회' 이름을 가진 다양한 형태의 교회들이 존재한다. 이 책이 주목하는 '가정교회'란 비자발적 가정교회이며, 유입되는 교인이 없어서 가족들로만 이루어진 영세한 (개척)교회들을 가리킨다.

를…. 그걸 양날의 칼이라고 봐야 해요. '나는 목사 안수 받고 가정에서 예배하고 있어. 나는 가정교회 해.'라는 긍정적 측면의 가정교회도 있겠지만, **목회자들이 (과도하게) 양산이 된 이 흐름 속에서 가정예배한다는 건 목회 안 하는 거예요.** 이런 경우는 자녀들이 성장하면, 그때는 자녀들이 십일조하고 뭐 해서 임대상가 건물 예배당을 유지를 해주고 있죠. 60 넘은 분들의 목회하는 모습이 이 모습이라고 보시면 돼요. (I 목사, 50대, 지역아동센터 교사)

개척교회, 미자립교회, 가정교회 사이의 경계는 사실상 유명무실하에 이 세 가지 각기 다른 기표가 한 가지 교회형을 가리킨다고 해도 과언이 아니다. 대부분의 개척 교회들이 이 셋에 모두 포함될 수 있다. 또, 개척 이후 어느 정도 기간이 지난 교회들 중 수많은 교회들이 미자립교회, 가정교회에 해당된다.

미자립교회에서 가족 외에 교인이 없는 경우에 그것을 목회하지 않는 것으로 볼 것 인지는 목회자들 사이에 이견이 존재하겠지만, I 목사의 말에 따르면 목사 안수 받아 놓은 것에 '덜미를 잡혀서' 어디 가지도 못하고, 그만두지도 못하고 '가정교회'를 유지하고 있는 교회들이 상당수 존재한다.

그러나 개척교회라고 해서 전부 다 가정교회인 것은 아니다. 개척교회의 주요 구성원들이 목사의 가족 및 친인척인 것은 사실이겠으나, 교인들이 제법 있는 미자립 개척교회들도 다수 존재한다. 이런 교회들은 대개 20명 내외 교인 수로 이루어진 교회인데, 이런 미자립 개척교회에 찾아오는 교인들은 어떤 사람들인가? 교인 수 약 20명의 개척교회를 운영하고 있는 D 목사는 이런 미자립 개척교회에 찾아오는 교인들은 대개 '돈 없고 힘든 사람'이라고 말한다.

> **[사례 II-17] "개척교회는 어쩜 이렇게 돈 없고 힘든 사람만 올까."**
> 성도 걱정이 앞서요. 성도가 18명, 20명이라는 건 감사한 거예요. 보면 마음 아프고 눈물나는 건. '개척교회는 어쩜 이렇게 돈 없고 힘든 사람만 올까.' 하는 생각이 있어요. 헌신을 해본 경험이 있는 사람이 없어요. 신앙도 별로 없어요. 이 교회 저 교회 다니다 보니 상처만 받고. 어떤 성도님은 몸이 불편해서 환영받지 못하고요. 이 교회 저 교회 도는 사람들에게는 자격지심이 있어요. '나는 (큰) 교회에서 환영받지 못하는구나.' 이런 생각이 있는 거죠. 그러다 보니 결과적으로는 성도 20명에 비해서 돈이 없어요. (D 목사, 40대, 일용직 건설노동자)

개척교회, 미자립교회에 찾아오는 교인들은 큰 교회에서 무시당하고 소외당한 '돈 없고 힘든 사람들'이 대부분이라는 것이다. 그러다 보니 개척교회는 교인이 20명이 되어도 경제적 자립은 요원한 일이다. 그러나 문제가 이뿐만은 아니다.

> **[사례 II-18] "케어가 힘든 사람들이 개척교회 와요."**
> V: 개척교회 목사들이 여러 가지가 힘든데. 경제적으로 힘들고, 인프라가 없고. 그리고 **일반적으로 어떤 전문적인 공부가 없으면 케어가 힘든 사람들이 개척교회 와요.**
> 연구자: 왜 그렇게 되는 거예요?
> V: 대형교회는 이 사람들이 가면 묻히잖아요. 아무도 나한테 관심 안 써주

> 잖아요. 근데 개척교회 가면 너무 잘해주거든. 목사 사모들이 너무 잘해
> 주잖아요. 어쩌다 한 명 들어오면 그냥 온 에너지를 다 써서 해주잖아요.
> 그러니까 성격장애야 결국은. 어렸을 때 상처나 아픔이 있는 사람들이
> 고, 그래서 자꾸 자기를 봐달라고 해요. 그렇게 해서 잘해줘서 이 사람
> 이 어느 정도 받고 나면, 이상한 행동을 하고 이상한 말을 하고 일반적
> 이지 않은 행동들을 하거든요. 목사들은 이 사람들이 왜 이러는지 힘들
> 어하다가, '내가 부족해서 그런다'라고 생각해요. 목사들 중에 착한 아이
> 콤플렉스 있는 사람들 많거든요. '우리가 부족해서 그래' 그렇게 자책을
> 한다고. 그니까 정신적으로 피폐해지죠. 그런 사람들 와서 들쑤시고 나
> 가면 완전히 번아웃 돼요. (V 목사, 50대, 카페 주인)

개척교회 목회자들을 찾아오는 교인들 중에는 '돈 없고 힘든 사람들'도 있지만, 그에 못지않게 여러 이유로 인해 '케어가 힘든 사람들'이 많다는 것이다. 이러한 상황은 개척교회 목회자들이 경험하는 고통과 스트레스를 경제적인 것, 심리적인 것뿐만 아니라 사회적인 것으로 확장시키는 결과를 초래한다.

내몰려 개척된 교회들과 목회자들은 복합적인 무기력감을 내면화하는 동시에 어떻게든 생존해야 하는 현실로 내던져지는데, 이 목회자들은 가정교회로 미끄러져 내려가거나 '돈 없고 힘든' 교인들, 혹은 정신적으로 전문적인 도움이 필요한 교인들과 함께 교회를 꾸려나간다.

결론적으로 한국교회의 양극화의 결과로 양산된 미자립교회는 목회자 수급의 불균형과 긴밀한 관계를 맺고 있으며, 목회자 수급 불균형으로 인해 양산된 개척교회들은 다시 미자립교회를 양산한다. 이와

같은 한국 개신교회의 구조적 모순과 악순환은 미자립 개척교회 목회자들이 살아가는 삶의 경제적, 심리적, 사회적인 측면에서 경험되고 내면화된다.

3. 환원되는 목회자 빈곤

한국교회의 구조적 균열은 교단과 그 산하 조직들, 신학교, 지역 교회에 직접적인 영향을 준다. 이 균열의 씨앗은 대형교회 중심의 급격한 성장이라는 그 양태에서부터 이미 싹트고 있었으며, 교세가 침체 및 감소하기 시작한 것을 기점으로 개신교의 구조적 균열은 빠르게 파열로 치닫고 있는 중이다.

이러한 파열에 가장 직접적으로 노출되어 있는 집단이 바로 목회자 집단이다. 이 목회자 집단은 한국교회의 균열과 파열을 어떤 방식으로 경험하고 있는가? 앞서 본 한국교회의 구조적 모순과 악순환은 결국 한국교회를 극소수의 대형교회들과 영세한 미자립교회, 개척교회로 양분하는 결과를 낳게 되었다. 이 후자에 해당하는 목회자들이 공통적으로 경험하는 삶의 조건은 '빈곤'이다.

개신교 목회자들은 구체적으로 어떤 방식으로 빈곤을 경험하고 있을까? 또, 목회자의 빈곤을 둘러싼 사회·경제적 조건은 어떻게 구성되고 있을까?

성직자라고 해서 가난해야 한다는 법은 없지만, 애초에 성직자란 초월적인 영역에 귀의함으로써 세속적 욕망의 세계로부터 스스로를 구별하는 방식으로 존재의 의미를 찾는 집단이다. 그렇기에 성직자들에게 청빈은 중요한 덕목이며 개신교 목회자 역시 다른 여타 종교의 성직자들과 다르지 않다.

한국에서 처음 목사가 배출되던 1900년대부터 목사의 덕목에는 돈에 얽매이는 것과 치부에 대한 경계가 포함되어 있으며, 실제로 한국교회의 역사 속에는 목사들이 경험한 극심한 가난에 대한 일화들이 즐비하다. 따라서 목회자들이 경험하는 가난이 '자발적인 가난', '감수해야 하는 가난'이라면, 이들의 빈곤을 빈곤의 범주에 넣을 수 있는 것일까? 다시 말해, 오늘날 사회과학이 다루어 오고 있는 인간 경험의 실체로서의 '빈곤'을 통해 목회자의 가난을 다루는 것이 어떻게 가능한 것인가?

이 질문을 그대로 남겨둔 상태로, 다른 한편에서 목회자들이 처한 경제적 삶의 조건을 볼 때 이들은 독특한 방식으로 자본주의적 생산-소비 문법 위에 위치한다. 목회자들은 성직 수행, 즉 목회에 전념할 것을 스스로 기대할 뿐만 아니라 외부로부터도 그러한 요구와 기대를 받는다. 이들은 그 일을 위해서라면 가난을 감수할 준비가 된 사람들이다. 그러나 문제는 더 이상 소위 '일자리'가 없다는 것이다. 게다가 개신교를 찾는 사람이 줄어든 상태에서 잉여생산자만이 증가하고 있기에, 생산자에 해당하는 목회자들은 생계를 유지하기 힘들 만큼 낮은 급여를 받게 되었다. 이에 더하여 교회는 목회자와 노동 계약을 맺지 않기 때문에 목회자들은 노동 사각지대에 놓인다.

교단은 목회자의 일자리와 생계를 책임져주지 않는다. 그 결과 목회자들은 교회의 '담임목사'가 되기 위해 스펙을 쌓고, 인맥을 활용하는 등의 방법에 의존하게 된다. 오랜 기간 초대형교회에서 부교역자를 하다가 2017년에 교회를 개척한 AC는 다음과 같이 말한다.

> **[사례 II-19]** "교회는 인맥으로 다 가는 거잖아요."
>
> 요즘 사회에서는 블라인드 테스트를 한다고 하는데 교회는 안 하잖아요. 교회는 인맥으로 다 가는 거잖아요. 교회만 시대에 반대되는 길을 가고 있는 거 아닌가…. 목회자들 중에 누군가는 본인은 누리는지도 모르는 채 누리고 있고, 누구는 학대 당하는지도 모르는 채 학대 당하고 있어요. 개척교회 작은 교회를 전전하면서…. 마지막 '담임목사'라고 하는 자리에 갈 때, 마지막 결정은 '어느 교회 출신이냐'잖아요. 초대형교회 출신이냐 아니냐가 모든 걸 다 결정을 내리잖아요. 좋은 라인을 탔다 그래야 하나? 제 동기 목사들을 봐도 서류면접에서 다 떨어지니까…. 작은 교회 출신목사들은. (AC 목사, 40대, 공간대여업)

즉, 목회를 수행하는 성직자가 되기 위해 자발적으로 가난을 감수하고자 했던 사람들이 가장 먼저 마주하는 것은 구직난과 생활고, 그리고 열악한 근로 환경, 부조리한 노동 구조인 것이다. 공급 과잉은 자연스레 교회에서 일하는 목회자에 대해 교회가 지불하는 경제적 처우를 더욱 열악하게 만들었다. 이는 '목회자는 돈 벌면 안 된다.' 는 인식으로 인해 쉽게 정당화된다. 그렇기에 교회에서 부목사로 일자리를 구한다 해도 터무니없이 적은 봉급을 받으며 생활고에 시달리는 경우가 다반사다. 과거에 '모교회(제일 처음 신앙생활을 시작한 교회)'에서 전임(full-time) 목회자로 일한 경험이 있는 R은 당시 상황을 다음과 같이 술회한다.

[사례 II-20] "아 사역자들은 월급이 이 정도구나."

저도 전임(full-time) 하면서 몰래몰래 알바했었어요. 제가 중소형 교회에 있었는데 충격이었던 게…. '아, 사역자들은 월급이 이 정도구나.' 전임하면서 한 달에 80 받았었어요. 저희 ㄹ 교단은 특히 가난하고 돈이 많지 않아요. 근데 그것도 몰랐어요. 나중에 알았어요. 그때는 너무 무지했고, 신앙이 순진했죠…. 그때 담임목사님 마인드가. '죽으면 죽으리라.', '돈 벌면 안 된다.' 그런 마인드였어요. "80만 원 적을 거야 그걸로 알뜰살뜰 알아서 해." 1년에 한두 번 상여금도 줬었는데, 너무 웃음 나올 정도로 주셨고. 대학원 가면 등록금 지원해 준다고 했지만…. 지원해 주지 않으셨어요. (R 전도사, 30대, 기간제 교사)

뿐만 아니라, 목회자 중에서 교회에서 일하면서 근로계약서를 작성하는 목회자는 거의 없다. 그렇기 때문에 지역 교회에서 일하는 거의 모든 목회자들은 노동법의 보호나 4대 보험의 혜택을 받지 못한다. 그 결과 지역 교회에 고용된 목회자들은 적은 급여로 인한 생활고 외에도, '언제 잘릴지 모른다'라는 불안감에 시달린다. 목사인 남편과 결혼한 30대 전도사 S는 교회서 일한 경험에 대해 다음과 같이 말한다.

[사례 II-21] "언제 잘릴지 모르는 거죠."

부교역자가 생계를 교회에 의존을 하다 보니까 눈치를 보며 목회를 해야 하죠. 이게 굉장히 큰 문제라고 생각하고 있어요. 처음엔 '처우가 나빠'라고만 생각했는데, 깊이 들어와 보니까 장로님들 성도님들 눈치 보면서 처음 생각과는 다르게 사역을 하게 돼요. 이거 없으면 생계유지가 안 되니까(…) '옳지

> 않다, 이건 아닌 거 같다'라는 생각이 들 때 편하게 말하지 못하는 거예요. 기업들의 문화랑 비슷하죠. 상사 눈치를 봐야 하는 거처럼 똑같이. 인사권을 가지고 계시니까. 또, 처우가 안 좋은 것 중에 하나가, 교역자는 급여 협상이 없잖아요. 계약서를 안 쓴다는 거죠. 노동권이 보장이 안 돼요. 언제 잘릴지 모른다는 거죠. (S 전도사, 30대, 영어과외)

앞서 말한 바와 같이, 목회자 빈곤의 특수성은 그것이 자발적인 선택이라는 점에 기인한다. 그러나 목회자의 빈곤은 동시에 구조적 결함 및 부조리를 내포하는 빈곤이기도 하다. 이렇듯 오늘날 한국 목회자들이 경험하는 빈곤은 자발적 선택과 구조적 부조리의 산물이라는 이중성을 갖는다. 다시 말해, '목회자'라는 정체성이 그 자체로 가난에 대한 자발적 선택을 내포하고 있기에 목회자의 빈곤은 정체성 내부와 강하게 결부되어 있지만, 오늘날 목회자 빈곤의 조건이 형성되는 곳은 정체성의 외부, 즉 교계의 구조적 모순과 악순환이라는 것이다.

목회자들이 낭떠러지라고 할 수 있는 극심한 생활고에 빠지기 쉬운 이유가 바로 이것이다. 목회자의 빈곤은 자발적인 동시에 강제된 것인데, 이 강제된 가난에 저항하는 것은 곧 목회자 정체성에 반하게 되는 역설적 결과를 초래한다. 실제 삶에서 자발적 가난과 강제된 가난은 엄밀히 구분되지 않기 때문이다. 그렇기에 목회자들은 자기 정체성 외부에 있는 강제된(구조적) 가난을 정체성의 내부로, 즉 자발적 가난의 영역으로 끊임없이 환원시키며 살아간다.

C는 '하나님의 은혜로 산다'라고 말하면서 강제된 가난을 자발적 가난의 영역으로 환원시키며 살아가는 목회자의 삶의 전형을 보여준다.

[사례 II-22] "남는 거는 생계를 위해서 졌던 빚 뿐이더라고요."

일을 하고 싶었는데 제가 이제 목사 안수를 받을 때, 교단법이 있잖아요. 이중직이 허용이 되지 않았었어요. 근데 이제 그때 이미 저는 가정이 있었고 아이가 셋이었거든요. 그러다 보니까 기존에 부교역자로서 교회에서 받는 사례만 가지고는 다섯 식구가 살 수가 없는 상황인 거죠. 턱없이 부족한 거죠. 그때는 이제 교회식 언어로 '**하나님의 은혜로 산다**'고 이야기했었죠. 결국에 제도권 내 교회 사역으로부터 나오고 나서 보니까 남는 거는 생계를 위해서 졌던 빚뿐이더라고요. 저희가 4대보험이 되는 것도 아니고요. 그런 상황에서 저희가 낼 수 있는 생계형으로 낼 수 있는 대출은, 굉장히 금리가 높은 대출이거든요. 제1 금융권은 생각도 하지 못하고요. 심지어는 제일 마지막에는 카드론까지 썼어요. 저희 아내가 개인회생 중이에요. 카드론 하고 이것저것…. 교회에서 받은 사례비가 뻔하잖아요. 100만 원 남짓한 돈으로 다섯 가족이 산다는 게 불가능한 거죠. (C 목사, 40대, 목수)

4. 몽상과 파상 사이에서

사회학자 김홍중은 한국 청년들이 살아가는 생존 현실을 '몽상'과 '파상'이라는 표현을 사용하여 개념화한 바 있다. 지난 100년의 대한민국 사회 위에 오늘날 청년 세대를 위치시켰을 때, 그 고통은 지난 시간 한국 사회가 격렬하게 꾸었던 꿈들(문명개화, 해방, 근대화, 산업화, 민주화, 세계화 등)의 성취와 실패, 기억과 망각, 매혹과 환멸의 복잡다단한 퇴적층이자, 미래를 당겨오는 다수의 몽상 구성체들이 격돌하는 전장에서

발생하는 고통이라는 것이다.[14]

결론적으로 김홍중은 청년 세대의 생존 상황을 이해하기 위해서는 몽상과 파상의 모멘트를 동시에 포착할 것을 요청한다. 이는 한국교회의 지난 100년의 역사가 그리는 굴곡이 한국 사회의 굴곡과 거의 일치한다는 점에서 한국 목회자의 삶에 대한 연구에 새로운 시사점을 던져준다.

한국 사회의 몽상의 대상이 문명개화, 해방, 근대화, 산업화, 민주화, 세계화와 같은 것들이었다면 한국교회가 격렬하게 몽상했던 대상은 한국의 복음화와 교회 성장, 세계선교, 부흥 운동이라고 할 수 있으며, 오늘날 한국교회의 모습 역시 이러한 몽상들의 '성취와 실패, 기억과 망각, 매혹과 환멸의 복잡다단한 퇴적층'이라 할 수 있다.

한국교회의 몽상은 한국 사회의 몽상과 뒤얽혀서 상호 동력을 제공하는, 상승작용의 관계를 주로 맺어왔다. 김덕영은 한국식 근대화를 추동해 온 자본주의 정신의 근본을 그치지 않는 허기감, 즉 '에리식톤 콤플렉스'[15]라고 정의하면서 이 콤플렉스를 주조해 낸 한국 자본주의의 세 명의 사제로 박정희, 정주영, 조용기를 꼽는다. 김덕영은 한국 자본주의 정신의 사제로서 한국 기독교에 대해 다음과 같이 평가한다.

"박정희 정권은 가난을 극복하고 잘 살아보자는 구호 아래 개인에게 돈과 물질에 대한 무한한 욕망을 자극하여 에리식톤 콤플렉스가

---

14 김홍중, 『사회학적 파상력』 (문학동네, 2016), 15.
15 에리식톤은 그리스 신화에 나오는 부자로서, 기아의 신 리모스의 저주를 받아 그치지 않는 허기감에 시달리게 된다. 그는 허기감으로 인해 자신의 재산을 음식에 전부 탕진하고 딸마저도 팔아넘겨 음식을 산다. 신화에 의하면 결국에는 자신의 몸까지 다 먹어 치우고는 이빨만 남는다.

형성되도록 했으며, 재벌, 특히 정주영은 기업적 차원에서 에리식톤 콤플렉스를 구현했다. 그리고 한국의 개신교는 국가-재벌 동맹자본주의의 이데올로기이자 전도사로서 환원적 근대화의 지상목표인 경제성장을 신과 신앙의 이름으로 축복하고 신성시해왔다."[16]

즉, 한국 개신교는 한국 사회가 꿈꿨던 근대화와 산업화라는 몽상의 피동적 추종자가 아니라 능동적인 주조자였다는 것이다. 이에 걸맞게 개신교는 그 고유의 신학적 메시지들을 '환원 근대'[17]의 논리로 탈바꿈시켰는데, 한편으로 자신을 환원 근대의 주도세력인 국가 및 재벌과 동일시하였으며, 다른 한편으로는 환원 근대의 가치이자 목표인 성장지상주의를 체화하고 내면화하여 실천하였다.

최형묵은 한국교회의 이름에 가장 많이 들어가는 단어가 '제일'과 '중앙'이라는 사실은 한국교회가 내면화하고 체화한 욕구를 투사한다고 말한다.[18] 한국교회를 구성하는 일원으로서 목회자들의 공몽(共夢; 함께 꾸는 꿈) 속에도 이러한 욕망이 투영되는데 개신교 목회자들이 목회자가 되기로 결심했을 때, 그리고 이들이 목회자가 되어가는 과정에서 목회자들의 공몽은 자연스럽게 형성된다. J 목사는 교회의 장소와

---

16 김덕영, 『에리식톤 콤플렉스: 한국 자본주의의 정신』 (도서출판 길, 2019), 20.
17 '환원근대'란 사회학자 김덕영이 한국의 근대화 과정에 대한 분석의 결과로 제시한 개념이다. 서구의 근대화가 오랜시간 동안 정치, 사회, 경제, 문화 등에 걸쳐 일어난 반면, 한국에서는 다양한 근대적 가치들이 오직 경제 성장이라는 양적인 측면으로 환원되는 방식으로 근대화가 진행되었음을 의미한다. 자세한 논의는 김덕영의 『환원근대』(2014)를, 환원근대와 한국기독교의 연결성에 대해서는 『에리식톤 콤플렉스』(2019)를 참고하라.
18 최형묵, 2006, "[신학과 목회 / 한국교회와 과거사 고백] 유신체제, 군사정권하의 한국교회". 『기독교사상』50(3), 211~212

건물로 환원되는 '개척교회 목회자들의 로망'에 대해 다음과 같이 이야기한다.

> **[사례 II-23] 목회자들의 로망**
> 제가 보수적으로 목회를 하고, 신도시에 교회까지 지어서 왔어요. 분위기는 괜찮았을 거 같잖아요. 개척 상가에서 개척한 목사들의 로망은 두 개에요. 상가를 벗어나서 교회를 지어봤으면 좋겠다. 구도심에 있었으면 신도시로, 번화가로 나가서 번듯하게 교회를 지어봤으면 좋겠다. 이게 목회자들의 로망이죠. 저는 무리해서 이걸 다 이뤄낸 거예요. 상가 있다가 교회 지었고, 구도심에 있다가 도청소재지로 나왔고. 그럼 부흥할 일만 남았잖아요. (J 목사, 50대 초반, 지역아동센터 교사)

부흥과 교회 성장, 교회 건축을 향한 목회자들의 로망은 실체 없는 것이 아니었다. 교회를 개척한지 5년이 된 김민수는 자신의 교회 개척 자서전에서 "북 치고 동네 한 바퀴 돌면 2~300명이 따라서 교회로 향했다는 7~80년대의 개척 상황"[19]이 향수처럼 오늘날의 모든 개척교회 목회자들에게 남아있음을 보여준다. 이 로망은 다른 한편으로 목회자 과잉 공급의 동력이 되기도 했는데, 박영돈이 신학교 입시생 면접을 보면서 느꼈던 다음의 소회는 한국교회 목회자의 로망이 '허영심'이라는 또 하나의 몽상의 형태로 목회자들에게 존재하고 있음을 보여준다.

"만약 목사직이 선망의 대상이 아닌 멸시와 천대의 대상이고 그 앞

---

19 김민수, 『개척 5년 차입니다』 (세움북스, 2020), 20.

에 놓인 길이 가난과 고난으로 점철되어 있다면 그래도 목사가 되려는 이들이 이처럼 많을까? 한국교회가 외적으로 팽창하고 번영하면서 목사가 되면 잘 만하면 세상의 영광과 권력을 종교적으로 성취할 수 있다는 은연 중의 암시가 세속화된 한국교회의 많은 젊은이의 뇌리에 깊이 심겼다."[20]

이 향수와 허영심은 여전히 목회자들의 기억 어딘가에 남아서 공 몽 형성의 토대가 되는데, 더 중요한 사실은 이 향수와 허영심은 21세기에 한국교회가 맞이한 파상의 파열을 더욱 괴롭게 만든다는 것이다. 오늘날 30대, 40대 목회자들이 맞이해야 하는 파상의 현실은 무엇인가? 이들은 한 세대 전, 즉 자신이 아직 신학생이었을 때(혹은 그보다 더 어릴 때) 목도했던 '성장'이라는 과거의 몽상을 산산조각 내는 현재, 즉 구직난과 교회 개척 실패와 생활고의 현실을 마주해야만 한다.

> **[사례 II-24] "없어지는 교회들이 너무 많은 거예요."**
>
> 주변을 둘러봤을 때…. 목회자들이 교회를 개척한단 말이죠. 좋은 의도를 가지고. 상가 건물이나 어디 임대해서 시작을 하고, 매일 기도회를 갖는다는 말이죠. 거기서 잠도 자고, 새벽 예배를 드리기도 하고. 근데 그게 이제 안 되는 거죠. 상식적으로 생각해서 '이분이 기도가 부족하고 믿음이 부족해서 그런가.'라고 생각하기에는 너무 열심히 하는 거예요. 사람도 없는데…. 좋은 의도고 귀한 뜻이지만. 그렇게 하다가 없어지는 교회들이 너무 많은 거예요. 그런 식이에요. (A 목사, 40대, 협동조합장)

---

20 박영돈, 『일그러진 한국교회의 얼굴』 (IVP, 2013), 125.

[사례 II-25] "차 팔고, 전세금 빼고."

2015년에 처음 개척을 했어요. 개척을 하고 나서 처음 몇 달 동안은 기도와 말씀에 전념했죠. 하하하. 그런데 이게 아니더라고요. 개척만 하면 사람들이 모이고 그럴 줄 알았는데 그렇지 않더라고요. 지금 저쪽 가면, ○○동 사거리 가면은. ○○문고 있어요. ○○문고 2층에다가 번듯하게, 가진 돈 다 때려 부어서 리모델링 다 하고 개척을 했죠. 첫 몇 달 동안 사람들이 안 모여서 차도 팔고, 전세금도 뺐어요. 사람들이 안 모이는 거야. 그렇게 사람 없으니까 답이 안 나오는 거예요. 개척에 대한 환상이 깨져버린 거죠. 그래서 안 되겠다 싶어가지고 그때부터 일을 하기 시작했어요. (D 목사, 40대, 일용직 건설노동자)

[사례 II-26] "한 명도 오지 않았어요."

이것저것 나눠주면서 전도를 엄청 했거든. 옥수수를 나눠주면 5개씩 넣어서 2,000박스씩 해서 나눠주고. 고추장, 된장 1킬로씩 담아서 2,000개 나눠주고. 돈만 해도 그게 얼마예요. 그렇게 했던 이유는 그 사람들 전부 우리 교회 오라고 한 게 아니었어요. 단지 그 정성에 감탄해서 한 사람만이라도 왔으면 좋겠다 했는데, 한 명도 오지 않았어요. 희한한 거죠. (B 목사, 50대, 카페 주인)

이렇게 열심히 하는데도 교회가 계속해서 없어지는 현실은 몽상과 파상의 모멘트를 동시에 포착할 때에야 설명될 수 있다. 이런 관점에서 볼 때만 한국 개신교 구조와 목회자들의 경험을 복합적으로 포착할 수 있다. A는 30, 40대 목사들의 현실에 대해 아래와 같이 설명하는데, 여기에는 몽상과 파상의 이중적 구도가 잘 드러난다.

> **[사례 II-27] 성장과 성장 이후 사이에 낀 목회자**
>
> 제가 교회에 부교역자로 지내면서, 혹은 그 이전부터 지켜보면서 알게 된 게 있어요. 과거에 갑작스럽게 경제가 성장하던 시기에는 교회가 의도하지 않았음에도 자본이 갑자기 늘어났던 거죠. 그러다 보니 교회가 도네이션 받는 게 굉장히 용이했는데, 지금은 상황이 바뀌어 그런 것들이 굉장히 많이 줄어들고…. 또, 사회가 노령화되고 교회도 덩달아 젊은 층들이 적어지면서 재정적으로 기여할 수 있는 사람들이 확 줄어드는 거죠. 저는 이런 상황에서는 교회가 원래 가지고 있던 비용 구조, 그러니까 유지비라던가 인건비가 대부분을 차지하는 이 구조로 가기 어렵다는 것을 생각했던 거예요. '앞으로 하는 교회들은 기도가 부족하고 믿음이 없어서가 아니라, 교회를 재정적으로 뒷받침하는 사람들이 없다'라는 것을 전제로 한 상태에서 가야 한다는 생각을 한 거죠. (A 목사, 40대, 협동조합장)

이런 파상의 현실과 구조를 맞닥뜨린 대부분의 목회자들이 선택하는 것이 이중직 목회다. 아내와 상담 센터를 운영하면서 이중직 목회를 하고 있는 A는 신학교에 들어가기 전부터 자신이 이중직 목회를 하게 될 것이라고 생각했다. 그는 교회에서 목회자가 어려움을 겪는 것을 많이 봐왔는데, 그 모든 어려움들의 공통적인 원인은 목회자가 금전적인 문제로부터 자유로울 수 없다는 것이었다.

A의 경험 속에서 이 금전적인 문제란 목회자들이 교회의 유지와 성장을 위해 교인들에게 과도하게 모금을 하는 데서 오는 것이었다.

따라서 교세가 감소하는 상황에서 자신이 앞으로 목회를 한다면, 교인들에게 금전적인 부담을 주지 않는 형태의 목회를 해야겠다고 생각했고, 그것이 바로 이중직 목회였다.

이렇듯 파상의 잔해로서 대부분의 개신교 목회자들이 선택하는 대안은 이중직 목회다. 목회자가 교회를 통해서 생계를 유지할 수 없으니 생계는 알아서 해결하면서 목회를 할 수밖에 없는 것이다.

목회자가 되기로 결심한 이후 십 년 가까운 시간을 몽상의 모멘트를 살아오던 목회자들에게 있어서 어느 순간 파상의 현실을 자각하여 이중직 목회로 이행하는 것은 단순한 결심과 선택의 문제가 아니라 막대한 심리적 고통을 수반하는 일이다. 목회자들은 아무것도 할 수 없다는 무기력감과 막막함으로 파상의 현실을 경험한다.

> **[사례 II-28] 불면 날아가는 먼지 같은 존재**
>
> A: 3-40대 목회자들. 되게 먼지 같은 존재들. 불면 없어지는 존재들에게 정체성을 부여해 주고 싶어서….
>
> 연구자: 왜 먼지 같은 존재인가요?
>
> A: 맞잖아요. 현실이 그렇잖아요. 30대 목회자들은 지금 뭐냐면. 누릴 수 있는 환경은 사라져버렸어요. 그 사람이 목회를 꿈꿀 때, '나도 저렇게 될 수 있지 않을까'라는 헛된 꿈이 이제 완전히 불어 없어지고, 그리고 이제 본인이 그럼 본인 콘텐츠로 뭘 해야 하는데 이미 교회에서 단물 다 빨리고 치여 가지고. 진짜 모여서 이야기하면 눈물 밖에 안 나는. '야 이제 우리 어떻게 해야 해?' 제 또래 정도 되면. '아이 씨, 담임 놓쳤다. 어떡하냐. 이제 할 수 있는 게 없네.' (A 목사, 40대 초반, 협동조합장)

끝으로, 목회자의 빈곤 경험을 더욱 심화시키는 것은 '가정'의 존재다. 실제로 거의 모든 목회자들은 가정을 갖고 있다. 결혼하지 않으면 개신교 목회자가 될 수 없다는 강한 인식이 교회 내에 존재하기 때문이다. 심지어 미혼자에 대해 목사 안수를 주지 않는 것을 교회법으로 규정한 교단들도 있다. 이런 점에서 개신교 목회자들은 여타 한국 대형 종교들인 천주교나 불교에 비해 경제적으로 취약할 수 있는 가능성이 현저히 높은 구조 속에 있다.

지금은 해당 법이 사라지거나 유명무실해졌지만, 결혼하지 않은 목사를 '흠이 있는 자' 혹은 '자격이 없는 자'라고 생각하는 인식은 교계에 여전히 살아있다. 무엇보다 목회자 자신들 안에 목회자는 당연히 결혼해야 한다는 인식이 강하게 각인되어 있다. 즉, 개신교 목사들은 경제적으로 교단의 도움 없이 철저히 홀로 생존해야 할 뿐만 아니라, 결혼하여 가정을 꾸리고 전통적인 가장으로서의 역할을 수행해야만 한다.

> **[사례 II-29] "100만 원 받았어요. 아이들 있는데."**
>
> C: 100만 원 받았어요. 아이들 있는데. 되게 웃긴 거죠. 본인들도 한 달 생활하는데 얼마 필요한지 아는 데도, 당연히 그렇게 살아야 한다고 생각하는 거예요. 그때 집이 양평에 있었고 교회가 하남에 있었거든요? 사순절 기간에 주유비만 70만 원이 나왔어요. 하하.
>
> 연구자: 신학대학원 시절이신 거죠? 100만 원 받으시면, 아내가 일을..?
>
> C: 아니요. 안 했어요.
>
> 연구자: 그럼 어떻게 생활을 하셨나요?

> C: 그래서 일단 장학금을 받아야 했고요. 형님이 목수 반장님이셨어요. 방학 때 가서 일을 좀 시켜달라고 했죠. 알바를 해야 하니까. 그래서 방학 때 가서 알바를 하고, 지금도 나가고 있는 출판사가 한 군데 있어요. 중·고등학생들 학습지 만드는 출판사인데. 학습지 만들 때 칼럼 같은 것도 써주고 하면서 사례를 좀 받았죠.
> 연구자: 교회에서 학비 보조는 받으셨나요?
> C: 좀 해주는 데가 있었어요. 저 같은 경우는 굉장히 대우가 좋았어요. 50% 해주셨어요. 근데 이런 데가 많지 않아요. 그래도 저는 그나마 좀 괜찮은 편이었을 거예요. 대우도 괜찮았고. 어쨌든 제가 수입 활동들을 하고 있었으니까. (C 목사, 40대, 목수)

기혼 남성인 목회자들은 가장으로서의 구체적인 불안함과 막막함을 안고 살아간다. C의 사례와 같이 개척을 하지 않고 교회에서 일하는 대부분의 파트타임 및 전임 부목회자는 가정을 부양하기에 턱없이 부족한 급여로 생계를 꾸리며, 그것이 더 이상 불가능해진 경우에는 다른 대안을 모색한다. 이 대안은 목회자의 위치에 따라 다른 양상을 띤다. 여기서 목회자의 위치란 '직급'을 말하는데, 교회의 직급은 일반적으로 '담임 목회자(담임목사)', '전임 부목회자(부목사)', '파트타임 목회자(전도사)'로 나뉜다.

먼저 파트타임 목회자의 경우는 생계의 대안으로서 아르바이트를 목회와 병행하거나 아내와 맞벌이를 하는 것이 가능하다.

> **[사례 II-30] 파트타임 목회자의 대안**
>
> (목회와 아르바이트의 병행이) 필수라고 생각했습니다. 사실 전에 다니는 교회에서 안정적으로 사역했었는데, 사례를 다른 곳에 비해서는 안정적으로 주는 편인데도 불구하고 저희는 말이 안 된다고 생각했거든요. 제가 결혼할 때 120 정도 받았나? 거기도 이제 분류가 있으니까. '파트타임'에서 '전임' 이런 게 있는데. 어쨌든 거기서 나름대로 파트한테 주는 것치고는 최대한 많이 준 편이었거든요. 근데도 학교도 다녀야 되고 먹고도 살아야 되고 아이도 생기다 보니까. 불가능하다고 생각했는데, 당시에 제가 별도의 일을 하긴 어려웠죠. 집사람이 예전부터 미술을 전공했기 때문에, 그래서 잠깐 미술 학원을 아파트 상가에서 경험을 해본 거죠. (교회를 개척하며) 서울로 올라오면서는 무조건 일을 해야 한다고 생각했고…. (K 목사, 40대, 학원 원장)

한편 목회자가 교회에서 전임 부목회자(부목사)로 일을 하는 경우에 맞벌이는 허락되지 않는다. 대개 전임 부목회자의 아내에게는 교회에서 '사모'로서의 역할이 요구되기 때문이다. 이 역할이란 각 교회마다 다양한 형태를 띠고 있으나, 대체적으로 교회 살림을 돌보는 일에서부터, 남편인 목회자가 교회 일에 전념할 수 있도록 가정을 돌보는 것 등을 포함한다.

아르바이트 역시 마찬가지로 허락되지 않는데, 이는 전임 목회자는 교회 일에 전념해야 하기 때문이다. 그럼에도 불구하고 여전히 가정을 꾸리기에 부족한 급여를 받기 때문에 생계를 위한 최후의 수단이자 대안으로 생계형 대출을 받거나, 신용카드 현금 서비스를 이용하기도 한다.

부목회자의 신분을 벗어나서 개척교회, 미자립교회의 담임목회자가 된 경우에는 생계유지의 수단으로 맞벌이가 다시 최우선적으로 고려된다. 이 경우에 목회자의 수입은 거의 없으며 아내의 수입으로 생계와 가정을 유지해야 한다. 개척교회이자 미자립교회를 운영 중인 J는 다음과 같이 말한다.

> **[사례 II-31] 개척교회 목회자의 대안: 마등단**
>
> 개척교회 목사님들이 목사님은 교회 일하거나 지키거나 하고, 사모님들이 일을 하시는 경우가 많거든요. 그분들에 대해서 보통 뭐라고 이야기하는 줄 아세요? '마등단' 하하하. '마누라 등쳐먹는 단체'라 그래요. 사모님은 죽도록 일하고. 목사들은 뭐 나름대로 성경연구하고 하겠지만. 자기들끼리 모임 갖기도 하고…. 사모님이 고생하는 거에 비해서 덜 고생하는 경우가 많거든요. '내가 그러면 안 되겠다.' 그런 생각이 드는 거예요. 그래서 일자리를 알아보게 된 거죠. (J 목사, 40대, 방문학습지 교사)

맞벌이만으로 가정의 생계를 꾸리고 교회 운영을 할 수 없는 경우 담임 목회자들 역시 아르바이트나 일용직을 찾아 나선다. 이 경우에는 이미 극심한 생활고에 시달리고 있는 상태일 뿐만 아니라, 이들이 선택하는 부업이라는 것들이 대개 불안정한 직업에 육체노동이거나 급여가 적기 때문에 목회자들은 심리적 좌절감에 시달린다.

미자립 개척교회 담임 목회자로서 육체노동 일용직을 하고 있던 C와 D는 코로나19 바이러스 사태로 일감이 사라졌을 때의 좌절감에 대해서 털어놓는데, 이때 그 좌절감의 중심에는 가정의 존재가 놓여있다.

> **[사례 II-32] "하나님, 애들하고만 살 수 있게 해주세요."**
>
> 이렇게 힘들게 사는 분들이 되게 많거든요. 일용직하는 분들은 일이 없어지면 완전 나락으로 떨어지는 사람들이에요. 제가 한 달에 7일 일했던 때가 있었어요. 감당이 안 되는 거예요. 빚은 너무 많이 있고, 매달 내야 하는 돈들은 있고. 아내 출근하고 아이들 어린이집 보내놓고 나서 정말 엉엉 울면서 기도했어요. '애들하고만 살 수 있게 해달라'고. 진짜 그렇게 울었던 적이…. 이게 너무 불안한 거예요. (C 목사, 40대, 목수)

> **[사례 II-33] "애들은 계속 크잖아요."**
>
> 정말 너무 막막하더라고요. 온 가족이 한 달째 집에만 계속 있었어요. 나가지도 못하고. 애들은 삼시 세끼 밥도 챙겨줘야 하고, 집에 있다고 쉬는 것도 아니고요. 애들은 계속 크잖아요. 애들은 크고 생활은 변하는 게 없고, 돈 들어갈 건 많아지고…. 무엇보다 이 아이들에게 정서적으로 불안감을 주지 않고 안정감을 주고 싶은데, 그것도 불가능하고. 그러니까 그런 부분들이 불안하죠. 그래서 그 글을 썼을 때는 그게 완전 극도로. 그 스트레스가. 기도로도 어떻게 할 수 없는. 그런 거였죠. (D 목사, 40대, 일용직 건설노동자)

이처럼 목회자들의 환원적 빈곤은 한국 사회와 한국교회 사이에 얽혀있는 몽상과 파상이라는 이중적 구도 속에서 발현한 구조적 모순과 악순환의 결과로 경험된다. 구조적 모순이란 급성장을 멈추고 감소세를 보이기 시작한 개신교에 목회자들이 과잉 공급되는 상황이 교계의 이해관계로 인해 지속되어야만 하는 상황을 의미한다. 그러나 앞서 살펴본 바에 의하면, 이들이 경험하는 빈곤의 모습은 한국교회의 구조뿐만 아니라 교회가 형성해 온 독특한 '문화'로 인해 심화되었음을 확인할 수 있다. 이러한 문화적 특성은 목회자들의 임금 체계, 노동 문화, 직업윤리, 가정 속에서 표현되고 있다.

3장
왜 목회자는 일하면 안 되나요
'이중직'과 목회자 정체성

앞서 살폈듯이, 목회자의 삶을 중층적으로 규명하기 위해서는 이들이 살아가고 있는 한국 사회나 한국교회의 거시적인 '구조' 뿐만 아니라, 이에 더해 목회자의 삶을 둘러싸고 있는 독특한 '문화'를 이해해야 한다. 따라서 목회자들의 삶을 형성했고, 또 그들의 삶이 형성하고 있는 개신교의 문화란 무엇인지 살펴볼 필요가 있다.

이를 위해서 가장 먼저 물어야 할 질문은 '한국교회에서 목회자란 무엇인가?'라는 질문이다. 한국교회는 목회자를 어떻게 규정해 왔으며, 교회의 구성원들은 목회자를 어떤 존재로 인식해왔는가? 또한 목회자들은 스스로를 어떻게 규정하는가? 더 나아가 목회자란 무엇이어야 하며, 더 중요하게는 무엇이 아니어야 하는가? 즉, 한국교회 목회자는 무엇이기에 일을 해서는 안 되는 존재로 인식되고 있는가?

이런 질문이 중요한 또 하나의 까닭은, 공교롭게도 오늘날 개신교의 모든 교단이 겪고 있는 사회경제적 균열이 파열로 치달아가는 과정 속에서 목회자들의 '정체성 담론'이 핵심적인 주제로 부상하고 있다는 사실이다.

특히, 본 장에서는 2016년 무렵부터 각 교단에서 중요하게 다루어지기 시작한 '이중직 금지법'을 둘러싸고 불거진 정체성 담론에 주목함으로써 목회자들이 위치한 삶의 사회경제적 조건들이 문화적, 심리적 차원에서 어떻게 경험되고, 또한 작동하고 있는지 살펴보고자 한다.

1. 목회자의 정체성: 성직자인가 노동자인가

개신교 목회자가 된다는 것은 무엇을 의미하는가? 이 질문에 답하기 위해서는 '목회자'라는 기표가 정확히 무엇을 가리키는지 살펴야 한다. 개신교는 16세기에 마틴 루터를 비롯한 종교 개혁가들의 개혁 운동의 결실로 탄생했다. 이때 마틴 루터가 주창 한 가장 대표적인 신학 명제 중 하나가 바로 '만인사제론(priesthood of all believers)'이다.

마틴 루터는 자신의 종교개혁 사상을 가장 잘 보여주는 세 개의 논문 중 하나인 「그리스도인 귀족들에게」에서 "평신도와 사제들 사이에, 제후들과 감독들 사이에, 종교적인 것과 세속적인 것 사이에 진정한, 본질적인 차이는 없다."라고 썼다.[21] 이에 따르면 개신교의 성직자는 가톨릭이나 불교를 비롯한 여타 종교들에서 말하는 '성직자' 개념과는 신학적으로 구별된다.

---

21 지원용, 『말틴 루터의 종교개혁 3대 논문』 (컨콜디아사, 1993), 138~139.

이러한 신학적인 특징이 개신교 교단들의 교단 헌법에도 반영되어 있으며, 개신교 교파들이 목회자를 '존재적 언어'가 아닌 '기능적 언어'로 정의하는 것을 통해 이를 알 수 있다.[22] 평신도와 사제 사이의 본질적인 차이가 없다면 개신교 집단에서 목회자는 어떤 존재이며, 어떤 위치를 차지하는 것인가?

> **[사례 Ⅲ-1] '목회자'가 생기게 된 배경 - 역할**
>
> '목회자' 속에 사실 성직의 개념은 없어요. 구약엔 제사장이라고 하는 성직의 역할이 있었지만. 신약에는 사도로 파송을 하신 것이지 성직의 역할을 맡긴건 아니었어요. 그니까 성직이라고 하는 개념은 사도의 교회에는 없었던 거예요. 근데 교회가 무브먼트에서 조직의 단계로 가고, 사람이 모이기 시작하니까 누군가가 하나 그걸 관리해 주는 역할이 필요하게 되었죠. 말 그대로 조직의 리더들이 세워지기 시작한 거죠. 그렇게 감독에서 교부라는 **역할이 생겨나고 제도화되면서 평신도와 성직자가 이원화돼요**. 이게 필요에 의해 생겨난 거지 예수님이 보여주신 교회의 개념하고는 다르죠. **오늘날 우리가 일반적으로 이야기하는 거룩한 직업이라는 것은 사실 없습니다.** 중세 로마 가톨릭 시대를 지나면서 특별한 계급을 만들어낸 거죠. 성도들과는 다른 성직자 사제 계급들을 만들어낸 거죠. 그러다 보니까 이것이 교

22　예컨대 감리교는 목사를 "성도를 온전하게 하여 봉사의 일을 하게 하며, 그리스도의 몸인 교회를 세우기 위하여 감리회로부터 특별히 세움 받은 이다."라고 규정하고 있다. 장로교(합동)은 "노회의 안수로 임직(任職)함을 받아 그리스도의 복음을 전파하고 성례를 거행하며 교회를 치리하는 자니 교회의 가장 중요하고 유익한 직분이다(롬 11:13). 성경에 이 직분 맡은 자에 대한 칭호가 많아 그 칭호로 모든 책임을 나타낸다." 라고 정의한다.

> 회 전통 속에서 하나로 자리 잡게 된 거고. 16세기에 루터가 종교개혁을 하면서 '만인사제설', '직업소명설'을 이야기하면서도 설교권이라는 것을 목회자에게 위임된 것으로 이야기를 해요. 그런 의미에서 개신교 속에서도 변형된 형태의 성직이 들어왔다고 할 수 있을 거예요. 그런 의미에서 주어진 현장에서 삶을 살아가는 게 사역자라고 하는 개념이지. **그니까 '목회도 직능적으로, 기능적으로 주어진 것이지 본래적으로 주어진 것은 아니다'라고 하는 것이죠.** (Q, 전 ㄹ신학교 교수)

 Q에 따르면 신학적으로 목회자는 성직자가 아니다. 목회자는 교회를 다스리고 봉사하며 교인을 가르치는 역할을 맡은 사람이며, '목회자' 외에는 달리 표현할 수 없는 하나의 직무다. 마틴 루터의 신학적 언표를 따라 개신교는 목회자를 성직자라고 칭하지 않을 뿐만 아니라, '성직자'라는 개념에는 부정적 함의가 있다고 느낀다. 즉, '성직자'란 가톨릭이 성서에 없는 개념을 임의적으로 만든 것이며 이것이 교회의 역사 속에서 전통으로 굳어짐에 따라 권력을 정당화하는 기제로 사용되었고, 종교개혁을 통해서 비로소 바로잡아졌다고 생각하는 것이다.

 신학적인 의미의 '목회자'가 이와 같다면, 한국 사회와 교회에서 목회자가 된다는 것은 무엇을 의미할까? 목회자들의 직업 실천이 보여주는 문화적인 특징은 여타 다른 종교 성직자들의 특징과 크게 다르지 않아 보인다. 타 종교와 유사하게 자신의 종교의 신학과 체계에 전적으로 헌신하고, 의례를 집전하며, 종교 집단을 지도하고 교육한다. 그럼에도 목회자가 된다는 것이 성직자가 된다는 것을 의미하지 않는다면, 목회자가 된다는 것은 무엇인가? 종교 서비스에 필요한 기능을 제공하는 기능인, 즉 노동자가 되는 것을 의미하는가? ㄴ 교단의 O는 미국의 사례를 들어서 실제로 목회자들이 계약서를 쓸 뿐만 아니라 계약에 따라 근로하는 노동자로 여겨진다는 이야기를 하며 한국교회를 미국 교회로부터 부정적으로 구별지어 나눈다.

> **[사례 III-3] 노동자로서 목회자**
> 제가 듣기로는 미국에서 공부하다 오신 분들이 이야기하는데, 목사는 소위 노동자예요. 신부나 스님은 노동자가 아니죠. 우리나라가 그렇다는 게 아니라, 미국에서는 어느 목사님이 어떤 일을 맡았으면 좋겠다 싶으면, 그 목사님이 계약서를 쓰는 거예요. 상호 계약서를. 출근하는 날은 며칠 며칠이다. 하프 타이머는 어떻게 이렇게 상호 서명하고, 그 시간만 일을 하는 거죠. 근데 우리나라는 목사는 성직자라고 생각해서, '목사는 부르심을 받았다. 죽을 때까지 목사다'라고 생각하는 경향이 강해요. (O, ㄴ 교단 관계자)

O의 말대로 한국교회에서 목회자는 실질적으로는 성직자로 여겨지고 있는 것일까? 목회자는 스스로에 대해 어떻게 인식하고 있을까? 교회에서 전도사로 근무하고 있는 S는 이에 대해 한국교회만의 독특한 풍토가 있다는 사실을 지적한다. 이 한국교회의 풍토란 목회자를 '성직자'로 인식하는 풍토라기보다는 목회자를 '노동자로 인식하지 않는 풍토'이다.

> **[사례 III-4] "목회자는 노동자라고 생각해요."**
> 개인적으로 목회자는 노동자라고 생각해요. 자신의 임무를 하면서 급여를

받는 사람이라고 생각하고요. 담목(담임목사)도 마찬가지죠. 그런데 목회자를 노동자로 인정하지 않는 풍토가 있다 보니까, 사각지대가 있는 거 같아요. 부당하게 해고를 당해도 처우를 개선해달라고 요청할 만한 길도 없어요. 회사 같은 경우는 진정서를 내고 할텐데…. 그런 게 없잖아요. 그러니까 자기 사역 생각은 많이 못하게 되고요. (S 전도사, 30대, 영어과외)

교회에 존재하는 이 "풍토"란 이중적인 부정의 방식으로 목회자를 규정하는 풍토라고 할 수 있다. 다시 말해, 한국 개신교의 목회자란 성직자도 아니어야 하고, 노동자도 아니어야 하는 존재다. 이 이중부정의 정체성을 목회자들은 어떻게 경험하고 있는가?

[사례 III-5] 돈 밝히면 안 되는 노동자

저희 교회는 자녀 양육비가 따로 나와요. 미성년자 자녀 한 명당 10만원씩. 근데 전도사님 한 분이 계속 누락이 됐던 거예요. 자식 하나가 반영이 안 됐는지, 몇 개월째 누락돼서 이야기를 한 거죠. "자식 한명이 있는데 왜 누락이 됐냐"라고 했는데, 그거 때문에 많이 혼나셨어요. **'목회자가 돈을 밝힌다'고요.** 그래봤자 몇 십만 원인데…. 장로님한테도 혼나시고. 담임목사님한테 혼나시고 그랬어요. 그걸 요구한다고요. 아마 이런 교회가 적지 않을 것 같아요. 그래서 저는 급여 협상이라고 하긴 그렇지만, 계약서는 써야 한다고 생각해요. 목회자를 1년에 한 번씩은 불러서 1년씩 계약서라도 써야 이런 게 명확해지고 분란이 안 생기지…. (S 전도사, 30대, 영어과외)

[사례 III-6] 교회 안에서의 대우

T: 제 급여가 85만원이었는데 2년 만에 5만원이 오른 거예요. 그래서 요번에 5년차니까 '2년 만에 또 오르겠다' 생각했는데, 안 오른 거예요! 그래서 기분이 좀 상한 거예요. 하나님께서 부르셔서 여기까지 왔지만, **교회가 나를 취급하는 태도는⋯. 제가 좀 마음이 상하더라고요. 교회가 사역자를 대우할 때, 교역자들 세계에서 그런 게 있잖아요. 사례금으로 저기 한다는 게⋯**. 사역자로서 사명감 때문에 일하지만 상대방으로부터 오는 반응들. 그런 것을 해석할 때⋯.

연구자: 아무 이야기 없이 급여를 올려주지 않은 부분에 대해 한 번쯤 여쭤보지는 않으셨나요?

T: 그런 거 있잖아요. **나이가 많은 교역자들은 여쭤보는 문화가 아니었잖아요. 옛날에는 재정에 대해 물어보는 건 저기하다는 전통적인 전례가 있었잖아요. 저는 나이가 있어서 그런지 그런 전례를 따르게 되더라고요. 일반 성도님들이거나 전통적 사고방식 안에선. '목회자는 그런 이야기 꺼내면 안 돼.'** 그런 게 아직도 있어요. 저도 가지고 있는 거 같아요. (T 전도사, 40대, 방과후 교사)

S의 표현을 빌려 말하자면, '목회자를 노동자로 인정하지 않는 풍토'는 목회자로 하여금 '돈 밝히면 안 되는 노동자'가 될 것을 요구하는 풍토다. 그러나 S의 사례에서 보듯이, 이들이 교회에 요구한 것은 돈 밝히는 행위라기보다는 이미 교회가 지급하기로 약속한 것이었으며, T의 사례는 근로자라면 마땅히 기대할 수 있을 법한 소액의 급여 인상이었다. 두 경우 모두 통상적으로 생각할 수 있는 '돈 밝히는 행위'

와는 거리가 먼 것인데, 여기서 '돈 밝히는 행위'란 금전적인 것과 관련한 일체의 의사 표현을 나타내는 것이다.

T의 이야기에 따르면 목회자는 교회에서 자신이 받는 급여와 관련해서 금전적인 이야기를 꺼내서는 안 되는 존재이며, 불합리하다고 여겨지는 상황에서도 결코 급여에 대한 이야기를 꺼내서는 안 되는데, 이는 목회자가 교인을 "배려를 해야 하기 때문"이다. 이야기인즉슨, 목회자가 급여 이야기를 꺼냈다는 것이 교인들의 귀에 들어가게 된다면 교인들이 목회자를 '돈 밝히는 목회자'로 생각하게 되고, 그렇게 되면 목회자가 교인들에게 끼치는 "말씀의 영향력"이 감소한다는 것이다. 그렇기에 목회자는 교인들을 배려하는 차원에서라도 급여에 관련한 이야기를 절대 꺼내서는 안 된다.

이와 같은 사례들은 교회 안에 통용되는 독특한 경제관념과 목회자 직업윤리가 있으며, 목회자는 여기에 맞게 스스로 처신해야 하는 존재라는 것을 보여준다. 한국 개신교 내에 작동하는 '목회자 문화'와 '이중부정의 정체성'은 목회자를 기능인으로 여기면서도 이들이 노동자로서 무언가를 요구하거나 협상하거나 담론을 형성할 수 있는 가능성을 사전에 차단한다는 점에서 목회자를 억압하는 기제로 이용될 가능성이 매우 높다.

특히나 개신교의 규모가 감소함에 따라 교회가 헌금으로 벌어들이는 수입이 감소하는 시점에서, 지역 교회의 가장 큰 지출을 차지하는 것이 유지비 및 인건비임을 생각했을 때, 노동계약을 하지 않는 목회자들은 교회 쇠퇴의 일차적인 희생양이 될 수밖에 없다. S는 자신이 일하는 교회에서 서서히 진행되던 헌금 감소 추세가 코로나19 바이러스 사태로 인해 급속화되었다며, 앞으로 인건비 감축을 위한 '구조조정'이 있을 것이라고 내다보았다.

> **[사례 III-7] 헌금 감소와 인건비**
> 제가 아는 교회들은 전체적으로 교회 헌금이 줄고 있죠. 성도들의 인식 변화랑 성도 수의 변화도 영향이 큰 거 같아요. 그게 당연히 제일 먼저 나타나는 게 인건비고요. 코로나가 계속 진행이 될 거라고 예상을 하니까…. 그 뒤에 되게 심각해질 거 같아요. 구조조정이 있을 거 같아요. (S 전도사, 30대, 영어과외)

이처럼 목회자란 교회라는 집단에서 성직자의 기능을 수행하지만 성직자로 여겨지지는 않으며, 기능적인 존재이지만 급여를 비롯한 금전적인 것에 관련해서는 어떤 발언도 할 수 없는 반쪽짜리 노동자다. 이런 목회자 문화는 노동자와 성직자 사이에 낀 독특한 목회자 정체성을 만들어내며, 목회자로 하여금 상황에 따라 어떤 때는 노동자로, 어떤 때는 성직자로서 처신하게 한다.

한국 개신교 목회자 정체성이란 교회 내에서 노동자가 되어야 할 때와 성직자가 되어야 할 때를 잘 구분하고, 그 미묘한 경계를 내면화한 이중 부정의 정체성이다. 개신교 안에서 '성직자' 개념이 불편한 것인 만큼, '노동자' 개념 역시 불편한 것이다. 전자는 신학적인 이유 때문이고, 후자는 주로 경제적인 이유 때문이다. 종교인 과세와 4대 보험에 관련하여 S가 담임목사와 나눈 대화와 그에 대한 본인의 소회는 그 경제적인 이유가 목회자 정체성과 결합되는 방식을 보여준다.

[사례 III-8] 4대보험이 안 되는 이유

저희 교회에서 3년 전이죠. 한참 목회자 과세 이야기가 나올 때였어요. 교역자들은 과세법 이런 거 잘 몰라요. 무지해요. 그래서 목회자도 종교인 과세해야 한다고 하니까 세무사 집사님이 오셔서 설명해 주시고 질문도 하고 그랬어요. 그때 저희가 담임목사님께 요청을 한 건 4대 보험을 들어달라는 거였거든요. 4대 보험이 안 되니까 전세대출받을 때도 무소득자로 여겨져서 대출이 안 되고, 신용카드 만드는 것도 잘 안되니까요. 알바생도 고용 보험이 들어가는데…. **그걸 요구를 했더니 담임목사님께서 "너희는 사명에 따라 섬기는 성직자지, 회사의 구조를 교회에 가져오냐? 갑과 을의 구조로 우리를 생각하는 거냐?"라고 하셔서 깜짝 놀랐어요.** (S 전도사, 30대, 영어과외)

[사례 III-9] "노동자랑 성직자랑 다른가요?"

저는 뭐가 문제인 건지 잘 모르겠어요. 노동자랑 성직자가 다른가요? 하나님 나라를 위해 일을 하고 생계를 보장받아야 하는 것은 다 똑같잖아요. 왜 노동자라고 하면 성직자만큼의 사명이 없다고 생각하는지 모르겠어요. 기독교인들 중에서 노동을 성직자처럼 하시는 분도 많잖아요. 원래 집사나 장로는 목회자랑 동등한 거거든요. **왜 그게 불편한 개념일까? 교회에서 대하는건 노동자처럼 대하거든요. 일 시키고, 문제 생기면 해고도 하고 그러면서 왜 그게 불편하신지…**. 아마 불편하신 이유는 돈 때문인 거 같아요. 저희들이 유급휴가라든지 이런 걸 요구할 거기 때문에 불편하실 수 있겠죠. 인건비 말고 다른 건 줄이기 어려운 경우가 많으니까. (S 전도사, 30대, 영어과외)

2. 이중직 금지법 담론

목회와 다른 부업 혹은 직업을 겸하는 목회자를 '이중직 목회자'[23]라고 부른다. 생계에 어려움을 호소하는 목회자들이 급증함에 따라 목회자들은 자연스럽게 일터로 내몰린다. 목회자 중 쿠○ 택배 배송하는 이들이 많다는 사실은 이제 공공연한 사실이 되었다.

목회자들이 선택하는 직업은 택배 외에도 물류센터, 운전기사, 퀵서비스, 대리운전, 우유배달, 신문배달, 학원 강사, 웹디자이너 등 다양하다. 즉, 기술이나 사회 경험이 없는 대부분의 목회자들이 택하는 직종에는 정규직이 드물며 단기 아르바이트나 일용직, 운전과 같은 단순 업무들에 한정되는 양상을 보인다.[24]

개신교 주요 교단들은 모두 각기 목회자 이중직에 대한 교회 헌법상의 규정을 가지고 있다. 주요 교단 별로 2020년 현행 관련 법은 다음과 같다.[25]

---

23 '이중직 목회자'를 다른 말로 '두 직업 목사', 혹은 '자비량 목회자' 등으로 부르기도 한다. 그러나 본고에서는 모든 교단에서 불법적이고 부정적인 의미에서 겸직을 하는 목회자를 이중직 목회자로 칭하고 있기에 이 표현을 사용한다. 이중직 목회자는 다시 '생계형 이중직 목회자'와 '자발적 이중직 목회자'로 나뉜다. 후자는 자신만의 '목회자론'에 의거하여 목회자가 일반 직업을 갖는 것이 신학적으로 옳다고 판단하여 목사와 다른 직업을 겸하는 이들을 가리킨다. 그러나 생계형과 자발적 이중직 목회자의 경계는 모호하며, 대개의 경우 생계형 이중직 목회자로 시작했다가 일종의 신학적 각성의 과정을 거쳐 자발적 이중직 목회자로 이동한다.

24 조성돈. 2017. "목회자의 이중직, 선교의 자리이다". 『활천』762(5). 43

25 작성된 표는 석사학위논문 작성을 위한 현장연구가 진행되던 2020년 여름을 기준으로 작성되었다. 이중직목회자 이슈는 모든 교단의 총회에서 매년 다뤄지고 있는 논쟁적이고도 현재진행형인 사안이기에, 이 책이 발간된 현재(2022년 4월)와는 차이가 있을 수 있음을 밝힌다.

[표II] 주요 교단 별 목회자 이중직 관련 교회 헌법 규정(2020년까지)

교단	의견
예장 합동	- 이중직 금지 및 조건부 허용 (2018 총회)[26] - 이중직 전격 허용 청원 → 불허 (2019년 총회)
예장 통합	- 이중직이 성경적, 역사적으로 타당하다는 '목사 이중직 연구위원회'의 보고 채택 (2016년 총회) → 아직 헌법 반영 안 됨 - 이중직 목회자에 대한 명시적인 조항 없음
감리교	- '이중직 신청장' 제출한 목회자에 한하여 이중직 허용 (2016년 총회) - 일 년 동안 단 한 건의 신청서도 들어오지 않음 - 신고를 하지 않고 이중직을 하는 목회자를 처벌하자는 청원 발의 (2019년 총회) → 통과되지 않음
성결-기성	전면 금지
예장 합신	전면 금지, '목회자 이중직을 조건부로 허용하자'는 신학연구위원회 보고 반려 (2019년 총회)
예장 고신	- 이중직 허락 연구를 신학교 교수회에 수임 (2019년 총회) - 연구 결과: '원칙적으로 이중직은 불가하나 단기적 생계형 이중직은 허용해야 한다' (2020년 총회) - 이에 대한 교단의 수용 여부는 미결정 상태

---

26 예장 합동 헌법 규칙 제30조(목사의 이중직 금지) 목사의 이중직을 금하며, 지교회의 담임목사직과 겸하여 다른 직업(공무원, 사업체대표, 전임교원, 정규직직원 등)을 가질 수 없다. 제31조 (이중직 예외사항) 다음 각 항의 1에 해당하는 경우에는 이중직 금지 규정에 예외로 한다. △교단 직영 신학교 및 총회 인준 신학교의 전임 교원이 아닌교수 혹은 강의자(석좌교수, 강의전담 교수, 산학협력 교수, 겸임교수, 객원교수, 시간 강사 등 파트타임 강의자) 중에서 비상근, 비보직이고 일주일에 9시간 이내 근무자. △총회 산하 각 기관의 비정규직으로 비상근이며 일주일에 2일 이내의 근무자. △생계, 자비량 목회 등의 사유로 소속노회의 특별한 허락을 받은 자. △지교회 부설 기관(유치원, 어린이집, 복지 시설 등)의 장. △기타 총회 규칙 및 제 규정이 허용한 직무에 종사하는 자.

그렇다면 목회자들은 왜 겸업을 하면 안 되는가? 대부분의 교단들은 왜 이중직을 교단법으로 규제하는가? 이를 이해하는 데에 중요한 것은 '이중직 목회자' 현상이 정체성 이슈라는 점이다. '이중직 목회자'는 하나의 정체성이며, 이는 기존의 '목회자 다움'과 충돌을 일으킨다.

기독교대한성결교에서 발행하는 월간지 「활천」은 2017년에 6회에 걸쳐서 목회자 이중직에 대한 특집 기사를 연재하였다. 그중 하나인 「목회자 이중직에 대한 나의 생각」은 이중직에 대한 네 가지 각기 다른 반응들의 목소리를 대변한다(강경 반대, 약간 반대, 약간 찬성, 강한 찬성). 이런 입장 차의 핵심에는 목회자 다움이 무엇인가 하는 문제가 자리하고 있다.

특집기사 발간 당시 성결교단 총회장이었던 여성삼 목사는 본 특집호에서 가장 먼저 입장을 밝히며 "목회자 이중직에 대하여 결론부터 말하면 반대한다. 그 이유는 목회자는 '성직을 수행하는 자'이기 때문이다."[27]라고 못을 박는다. 그는 "농어촌 목회자들의 생활고는 이해하지만, 그것은 교단적으로 해결해야지 목회자의 이중직을 허용해서 해결한다는 것은 성서적인 배경이나 목회자의 기본 정신에 위배되는 것"이라고 주장한다.

이 외에도 목회자 이중직에 거부감을 표현하는 주장들 속에는 주로 목회자의 직임이 일반 직업보다 더 거룩하다는 생각, 혹은 '목회자가 전적으로 목회에만 전념해도 목회가 될까 말까 한데 생계를 위해 다른 직업을 가지면 목회가 제대로 되지 않을 것'이라는 생각들이 깔려있다.[28]

---

27 여성삼 외3. 2017. "목회자 이중직에 대한 나의 생각". 『활천』762(5). 45-52.
28 최동규. 2017. "목회자 이중직에 대한 단상". 『활천』762(5). 12-13.

강춘근은 위의 상황을 다음과 같이 요약한다. "목회자 이중직 허용에 대한 목소리가 커지고 있지만 대부분의 교단에서 이를 금지하고 있는 실정이다. 그리고 목회자 이중직에 대한 한국교계 내에서 합의된 이해조차 없다. 물론 이미 몇몇 교단에서는 일정한 조건을 달고 목회자 이중직을 긍정적으로 허용해가는 분위기이지만, 반대하는 쪽에서는 현행 교단법 자체가 이를 허용하지 않고 있고 목회자의 정체성 약화와 질적 하락을 초래한다는 점을 강조하고 있다."[29]

목회자들이 몸담고 있는 교계라는 집단 안에서는 겸직하는 목회자들을 반쪽짜리 성직자(믿음이 없는 자, 소명이 부족한 자, 목회의 열의가 없는 자)로 여기는 문법이 작동하고 있다. 따라서 이중직 목회자들이 경험하는 고통 역시 이중적이라고 할 수 있다. 이들의 삶이 경제적 인간으로서 생존해야 하는 '교단 밖'과 종교적 인간으로서 생존해야 하는 '교단 안'에서 이중적으로 위치하기 때문이다.

위 특집 기사가 이중직에 대한 교계 내의 다양한 시선을 골고루 보여주고 있긴 하지만, 교계에 네 종류의 의견이 동일한 밀도로 존재하는 것은 아니다. 이중직 찬성에 대한 목소리가 존재하긴 해도,[30] 이 네 가지 중에서 전통적인 교계의 통념을 가장 잘 대변하는 것은 강경한 반대의 입장이다.

개신교 교세의 하락과 더불어 목회자들의 생활고가 더욱 심해짐에 따라 '이중직 금지법'을 둘러싼 찬반 논란이 본격적으로 점화되었다. 교단들마다 이중직에 대한 신학 위원회를 열어 이중직의 신학적 가능

---

29 강춘근. 2017. "목회자의 이중직".『성결교회와 신학』(38). 50-69.
30 김한옥. 2017. "목회자 이중직에 대한 신학적 조명".『활천』762(5). 36-39.

성을 연구하기도 했는데, ㄷ 신학교의 관계자인 P는 목회자 이중직을 합법화할 수 없는 교단 내부의 복잡한 사정에 대해서 다음과 같이 말했다.

> **[사례 III-10] 이중직을 합법화할 수 없는 사정 1**
>
> 그분들(미자립 개척교회 목회자)을 보호하려고 이중직을 공식화해드리자는 이야기가 나왔던 거예요. 나도 그런 생각이 강했는데, 막상 하려니까 문제가 또 있는 겁니다. 원래 교회가 목사를 청빙할 때는 '목사의 생활을 서포트하고 목회에 전념토록 한다' 이게 청빙 조건이에요. 근데 지금도 그렇게는 다 못하는데, 만약 이중직이라는 게 공식화되잖아요? 그럼 어떤 교회들이 늘어날 거냐면. '우리 교회는 지금 어려우니까, 다른 건 말고 설교만 하면 된다. 와서 이만큼만 하고 나머지(생계)는 당신이 알아서 해라.' 이런 게 굉장히 늘어날 거 같아요(…). 목회가 어떤 기능적인, 그야말로 삯꾼과 같은 목회로 가속화될 가능성이 너무 많지 않을까. 잘못하면 경제적 능력이 있는 사람일수록 목회지를 더 잘 찾아가게 되겠죠. 예컨대 부교역자도 그런 거 있잖아요. '차 안 주고 사택 안 주니까 알아서 해결해라.' 결국엔 그런 게 담임목사들에게까지 가게 될 거예요. 역설적으로 목회자들이 더 힘들어지죠.
> (P, ㄷ 신학교 관계자)

전 ㄹ 신학교 교수이자 담임목사로 일하고 있는 Q는 또 다른 측면에서 다음과 같이 말한다.

[사례 III-11] 이중직을 합법화할 수 없는 사정 2

신대원 졸업해서 다 기존 교회들로 흡수되는 게 아니에요. 중간에서 많이 이탈이 있어요. 특히 지방에서. 그전에는 대전 이남으로는 안 내려간다는 말이 있었는데, 이제는 천안 이남으로는 안 내려간다는 말이 있어요. 어른들이 이중직을 반대하는 중요한 논리 중에 하나도 그거예요. '이중직을 하게 되면 잡(job)을 구하기 쉬운 수도권으로 다 몰려들 거 아니냐. 안 그래도 천안 밑으로는 안 내려가려고 하는데. 소도시 지방에서는 사역자 구하기 힘든데. 이런 문제는 어떻게 할 거냐.' 이걸 단순 논리로 풀어갈 수 있는 논리는 아닌 거 같아요. 모두가 동의하고 필요성도 느끼지만, 쉽게 총대를 못 메는 상황이죠. 그러나 냄비 안의 개구리라고, 누군가가 감당하지 않으면 더 큰 문제가 된다는 거죠. (Q, 전 ㄹ신학교 교수)

P에 의하면 제도적으로 목회자 이중직을 허용하게 된다면 목사들에게 더욱 부정적 결과가 펼쳐지게 된다. 앞으로 개신교의 쇠퇴로 인해 경제적 사정이 더 어려워질 많은 교회들이 담임목사에게까지 충분한 급여를 지급하지 않고 이중직을 요구하게 된다는 것이다. Q는 이중직이 합법화되면 일자리를 구하기 힘든 농촌에는 목회자들이 더 가지 않으려 할 것이라는 우려에 대해 말한다. 안 그래도 농촌에는 목회자 구하기가 힘든데, 앞으로는 더 어려워질 것이라는 말이다.

정리하자면, 이중직 금지법의 내용은 목회자의 정체성에 대한 신학적 정의에 기반해 있으면서 동시에 그 담론은 일반 직업윤리나 직업 시장 동향과 사례 기반 미래 예측과 같은 사회적 언어로 강화되고 정당성을 획득한다. 그런데 P와 Q의 말에서 볼 수 있듯, 이중직의 금지 및 허용은 교계 내의 목회자들 사이의 민감한 이해관계가 얽혀 있는 문제이기도 하다. 그렇다면 이런 식으로 획득된 이중직 금지법의 정당성에 대해 현장 이중직 목회자 당사자들은 어떻게 느끼고 있을까? 교단 헌법이 존재하지 않는 ㄴ 교단 소속의 N 목사는 다음과 같이 말한다.

> **[사례 III-12] 범법자가 되는 목사들**
> 목회자 이중직이 불법이라는 걸 안 지가 얼마 안 됐어요. 타 교단은 그렇다네요. 깜짝 놀랐어요. 제가 물었어요. "그게 다 몰래 하는 거냐?" 그렇다는 거예요. 그리고 알면서 묵인하는 것도 있다는 거예요. 이 이상한 법이 생겨서 수많은 목사들을 범법자로 만드는 거예요. 일부 개정하고 있고, 아직도 그런 곳이 있다고 들었는데…. (N 목사, 40대, 아파트 경비)

이중직 목회 금지법과 그 논리에 대한 현장 목회자들의 일차적인 반응은, 교단이 수많은 목회자들을 범법자로 만들고 있다는 것이다. 교단 측이 제기하는 이중직 금지법의 신학적, 사회적 정당성과 그것이 전제하는 목회자 정체성은 이중직 목회자들의 입장에서는 자신들이 직면하는 당장의 현실에 대한 교단의 무관심과 외면을 반증하는 것이다. I는 교단이 법적으로 신학 교수와 교단 본부에서 근무하는 이중직은 허락해 주면서, 현장 목회자들이 생계를 위해 하는 이중직은 금하는 것에 대해서 분노한다.

> **[사례 III-13] "교단은 아직도 현장을 못 쫓아가요."**
> 교단이 아직도 현장을 못 쫓아가요. 교회법을 가지고 논란을 벌이고 있잖

> 아요. 보세요. 지금 굶어죽는 현장에서 '내가 이중직이냐 아니냐?', 그런 고민 없어요. 배부른 놈들은 '이중직이 성서적이냐 아니냐. 허용할 거냐 아니냐.' 이 논쟁을 하고 있단 말이에요. 그 논쟁하는 사람들이 이 현장에는 접근을 못하죠. 그래서 저는 가끔 총회 본부 쪽에 근무하거나, 신문사 근무하는 친구들과 이야기하게 되면 이렇게 말해요. "이중직(금지) 딱 두 개만 걸면 된다. 총회 본부에 근무자들, 신학 교수들만 이중직하면 안 되고. 나머지는 풀어놔도 (목회할 수 있는)능력이 되면 이중직 안 한다. 지금은 이중직을 할 수밖에 없는 구조다." 이런 건 허락해 주고, 현장에 있는 사람들 이중직 못하게 하고. 이건 뺨 맞을 일이지. (I 목사, 50대, 지역아동센터 교사)

교단 측이 바라보는 이중직 목회자에 대한 시선에 당사자들이 겪는 현실이 반영되지 못한 탓에, 교단의 제도와 실제 이중직 목회자들의 현실 사이의 괴리는 점점 더 벌어지고 있다. 전체 교회 절반 이상의 미자립 개척교회 목회자들은 당장 먹고사는 문제 때문에 아르바이트를 나서야만 하는 현실을 살고 있는 반면, 교단의 정책은 정작 목회자들의 현실에 대한 대책을 세우지 못한 채 이중직을 허용했을 때 발생하게 될 문제들을 거론하면서 전통적인 목회자 정체성 담론을 신학적, 사회적 언어로 강화한다. 현장 목회자들의 입장에서는 교단의 정책이 답답하게 느껴질 수밖에 없다. Q는 다음과 같이 그 마음을 토로한다.

[사례 III-14] 현장과 교단 정책의 괴리
어르신들을 만나보면 반대하는 이유가 있더라고요. '성직'이라는 거예요. 복음을 전하고 성도들을 돌보도록 전적으로 부름을 받은 성직이라는 의미

> 에요. 그러다 보니까 '다른 일을 하다 보면 아무래도 에너지가 분산될 수 있다'라는 거죠. 그러다 보면 보통 능력 있는 사람들이 투잡을 하잖아요. 그런 일이 교회에서도 벌어질 수 있지 않느냐. 큰 교회 목회자들에게 이중직을 허용하면 그런 불상사가 일어날 수 있다고 생각을 해요. 그렇지만 목회 이중직의 문제는 모든 사람에게 다 이중직을 허용하자는 게 아니라, 목회 하기를 원하지만 경제적으로 어려운 사람들을 배려하자는 것이지, 이미 자기 교회나 전문직을 통해 기본적인 생계를 유지할 수 있는 사람에게 뭐 하나 더 하라고 열어주는 것은 아니잖아요. (Q, 전 ㄹ 신학교 교수)

교단의 이중직 관련 정책보다 더 큰 문제는 이러한 현행법이 교회 구성원 전반의 인식을 반영하고 있다는 사실이다. 이중직 목회자들은 개신교 집단 내에서 불법적인 존재로 여겨질 뿐만 아니라, 각 교회 안에서도 교인들로부터 냉소적인 눈초리를 받는다. N은 한 교회에서 부목회자로 일하면서 교회 개척을 준비하던 당시, 교인들에게 앞으로 자신이 일을 병행할 것에 대해 말하자 냉소적인 시선이 돌아왔다고 말한다.

[사례 Ⅲ-15] "네 힘으로 살아봐"

> 부목사 하다가 개척하잖아요? 일한다고 하면, 안 좋은 시선으로 볼 뿐만 아니라, '어디 한 번 네 힘으로 살아봐'라고 냉소적으로 보시는 분들이 있어요. 그분들께도 이야기를 드렸지만, 제게 '목사가 일해야 한다'는 철학이 있는 건 아니에요. 근데 상황이 이러이러하니 목회를 오래 하고 싶어서…. 가정이 버티지 못하면 사역을 접잖아요. 목회를 오래 하고 싶어서 일할 뿐이죠. 사역을 시작하면서 교회 중심의 플랜을 짠 거죠.

> 그런 시각이 가장 서럽습니다. 목회자가 '자기 힘으로 살아간다'는 인식이요. 사실 아니거든요. 일하는 목사들이요, 잘 먹고 잘 살라고 하는 게 아니라 사역을 이어가고 싶어서 일하는 거예요. 짠해요. 근데 그걸 모르시더라고요. (N 목사, 40대, 아파트 경비)

이 냉소적인 시선의 의미는 무엇인가? 그리고 "네 힘으로 살아봐"라는 말은 또 어떤 의미를 지니고 있는가? 이 시선과 말속에는 목회만 하며 살고 다른 일은 하면 안 되는 존재로서의 목회자 정체성과 신학이 담겨있다. 이 정체성에 따르면 목회자는 자신의 힘으로 살면 안 되는 존재다. 목회자는 굶어 죽는 한이 있어도 신으로부터 오는 도움과 힘에 전적으로 의존해야지, 먹고살기 위해 직접 일을 한다는 것은 반쪽짜리 목회자, 불경건한 목회자가 되는 것과 같다.

그러나 N이 말한 것처럼 이중직 목회자들은 신보다 자기 자신의 힘에 의존한다는 신학적인 의미에서 겸직을 하는 것이 아니라, 목회를 이어가기 위해서 어쩔 수 없이 일을 해야만 하는 것이다. 목회자의 입장에서 이중직은 목회자로서의 정체성과 삶을 놓치지 않기 위해서 어쩔 수 없이 해야만 하는데, 교인들의 시각에서는 목회자의 이중직은 목회와 신에 대한 불성실함으로 비치는 역설적인 상황이 펼쳐지는 것이다. Q는 목회자들이 처한 현실과 제도적 한계가 보여주는 괴리에 대해 다음과 같이 말한다.

> [사례 III-16] "구더기 무서워서 장 못 담그는 건 아니잖아요."
> 내가 만났던 제자들 중에 목회를 안 하겠다고, 그만두겠다는 분들은 없어

요. 다만 목회를 하고 싶으니까 이중직 좀 하게 해달라는 거예요. 많은 경우 그래요. '먹고살기 위해서 이 일을 하고 싶습니다.' 그래도 가장으로서 가족이 있고, 자녀들이 있는데 그들을 위해서 뭔가를 해주고 싶다는 거죠. 그걸 악의적으로 사용하겠다? 그런 건…. 물론 악의적으로 사용하는 사람들은 있어요. 그렇지만 구더기 무서워서 장 못 담그는 건 아니잖아요. 그런 의미에서 이중직을 오픈을 좀 하자는 거죠. 부작용은 그때그때 법적으로 보완을 하면 되잖아요. (Q, 전 ㄹ 신학교 교수)

대부분의 교단에서 이중직 목회가 불법인 현 상황에서, 전체 목회자의 과반에 해당하는 목회자들은 어떤 처벌을 받고 있는가? 이중직 목회자를 실제로 처벌한 교단은 없다. ㄴ 교단의 O는 이를 교단의 '모른 척해주기'라고 말한다. 아무리 교단이 이중직 목회자의 존재를 불편하게 생각할지라도, 이중직 목회자의 증가세를 막을 수는 없는 노릇이기 때문이다.

심지어 미자립교회를 지원하는 실무자들의 입장에서는 이중직을 암암리에 권장하는 분위기도 있다. 미자립교회 목회자들의 형편이 나아질 수 있는 가장 확실한 방법이 이중직이기 때문이다. 그러나 교단에서 한번 불법으로 정한 '이중직'이라는 용어를 사용할 수 없기 때문에, '자비량 목회'라는 말로 바꾸어서 권장을 한다.

[사례 III-17] 이중직 목회? 자비량 목회?

신학자들은 이중직 허용은 신학적으로 불가하다고 이야기를 하실 거고. 근데 현상적으로 이중직을 하고 있잖아요. **근데 이중직이라는 단어를 초기**

> 에 안 쓰기로 했으니까 안 쓰는 거예요. 대신에 뭐라고 지칭은 해야 하니까 쓰는 게 '자비량 목회'라는 말이에요. 완전한 자비량은 아니지만 50%만 자비량일지라도…. 이중직은 현실인데 아직도 보수적인 분들은 이걸 터부시하는 경향이 있어요. 심지어 미자립교회 지원 실무부서에서는 목회자들에게 이중직을 권장하는 분위기고요. 이중직을 연구했던 신학자 그룹에서는 '목사가 이중직이라는 건 전혀 안 된다' 그런 분위기인 거고. 여러 가지 목소리들이 지금 나오고 있어요. 이런 것들이 섞여서 나오고 있는 분위기죠. (O, ㄴ 교단 관계자)

이렇듯 이중직 목회자 담론이 전개되는 배경과 과정 속에는 한국 교회의 역사와 사회경제적 구조, 인구 변동, 신학적 이슈, 정체성 문제가 얽혀있다. 그 위에 개신교를 구성하는 각계각층의 목회자들과 교인들의 인식, 입장들이 이중직 금지법을 둘러싸고 복잡하게 교차하고 있다.

3. 순수한 목회자, 오염된 목회자

이중직 목회에 대한 교단의 규제, 교계와 교인들의 인식상의 불결함이 엄연히 존재한다는 점에서 전업 목회자가 생존을 위해 이중직 목회자가 되(어가)는 경험은 어떤 경계를 통과하는 경험이다. 이는 '순수한 목회자'가 '오염된 목회자' 혹은 반쪽짜리 목회자가 되는 경험이라 할 수 있으며, 이 경험은 곧 순수와 오염 사이의 경계를 지나면서 목회자로

하여금 그 경계를 부정적으로 내면화하게 하는 경험이다.

인류학자 메리 더글라스는 사람들이 무엇을 순수하게 여기고, 무엇을 오염된 것으로 여기는지 그 사고방식의 배후에 작동하는 도덕적 체계를 사회적 분류체계에 기반한 상징체계로 파악하였다. 즉, 더글라스에 의하면 한 사회가 무언가를 불결한 것이라고 여기는 인식은 그 자체로 그 사회가 내포한 상징체계의 표현이다. "오염이 있는 곳에는 반드시 체계가 존재한다."[31] 미자립교회 목회자들의 필연적 선택이자 삶과 빈곤의 양식인 이중직은 어떤 방식으로 오염으로 인식되는가? 그 인식은 어떻게 지속되거나 강화되고 표현되는가? 더 나아가 이중직 목회자들에 의해 체화된 오염은 어떤 방식으로 한국 개신교 집단의 체계를 재현하고 있는가?

> **[사례 III-18] "교회가 세워지게 하소서."**
>
> 저희 부모님이나 장인어른도 목사님이신데, 그런 표현들을 하세요. 제가 한 번 충격받은 일이 있는데요. 부모님이 저희 교회에 헌금하실 때 '교회가 세워지게 하소서' 그래요. 개척한지 벌써 5년, 6년이 됐는데…. 하하. 교회로 인정하지 않는 거죠. 그리고 저희 장인어른도 어디 선교사님하고 통화를 하는데, "우리는 사위 둘 다 목사야. 첫째 사위는 목회를 잘하고 있는데, 둘째 사위는 시작을 안 해." (C 목사, 40대, 목수)

다섯 명의 교인들과 함께 주말에 예배를 드리고 평일에는 목수로

31　Douglas, Mary., *Purity and Danger: An Analysis of Concepts of Pollution and Taboo*, Routledge(1966), 36

일하는 C의 사례는 이중직 목회가 가족들에 의해서 아예 목회로 여겨지지 않고 있음을 보여준다. 목회가 아닐 뿐만 아니라 교회도 아니다. 여기서 '교회가 세워지게 하소서'라는 표현은 '교회'와 '목회'가 무엇이며, 무엇이어야 하는지를 암묵적으로 가리킨다.

여기서 말하는 '교회'란 단순히 건물로서의 교회를 의미하기보다는 그것을 포괄하는 하나의 상징으로서 한국 개신교 내에서 바람직하다고, 혹은 정상적이라고 여겨져 왔던 교회와 목회 형태 전반을 일컫는다. C의 이중직 목회란 적어도 이 정상 범주의 '교회'에서 벗어나는 것이다. 이것을 더글라스의 표현을 빌려서 '순수한 교회'라고 한다면, 이 순수한 교회, 순수한 목회는 어떤 방식으로 오염된 교회와 구별되는 의미를 갖는가?

N은 부목회자로 한 교회에서 7년 동안을 일했다. 그리고 그 교회의 지원을 받아 교회 개척을 준비하고 있었는데, N이 준비하는 개척 교회가 주중에는 만화카페를 운영하고 주말에는 예배를 드리는 이중직 목회의 형태라는 사실을 알게 되자 지원 교회의 장로들과 마찰을 빚게 된다.

[사례 III-19] 마음에 안 드는 목회자

교회라는 구조가 되게 서글퍼요. 개척하기 전, 한 교회에서 7년 동안 무지하게 열심히 사역했거든요. 그 교회에서 나오기 전, (일하는 목회를 구상하며) 조율할 때 두 가지 의견이 있었어요. 어떤 분은 이렇게 이야기합니다. "믿는 구석이 있나 보지? 도와 달라고 안 하네?" 다른 분들은 안타깝게 보시면서 이렇게 말해요. "그래도 장로님들께 도와달라고 말해 봐요." 그래서 제가 장로님들께 도와달라고 했더니. "저 봐, 저 봐 돈 더 달라는 거잖아"라고 또 뒷이야기가 나와요. 제가 그러고 나서 **장로님들의 냉소적인 시선을 많이 받았거든요. 그분들 보기에 다 마음에 안 드는 거예요. 장의자도 없지. 카페지. 목사가 일하지. 다 싫은 거예요.** (N 목사, 40대, 아파트 경비)

장의자가 기존 교회의 건축 구조적 형태에 대한 외적 상징이라면, 목사가 일하지 않고 목회에만 전념하는 것은 기존 교회의 문화적 형태를 아우르는 내적 상징이다. N이 기존 교회 장로들과 마찰을 빚게 된 것은 양측이 목회와 교회에 대해 가지고 있는 인식에 괴리가 있기 때문이며, 이 괴리로 인해 N의 교회는 교회 같지 않은 교회로 여겨지고, N은 목사답지 않은 목사로 인식된다. 한국 개신교의 '정상 목회'를 구성하는 이와 같은 인식은 V의 사례에서 더욱 직접적으로 드러난다.

[사례 III-20] 진정한 목회자
이중직 허용을 왜 안 해주는지 모르겠는데. 그런 게 큰 거 같아요. 세속적이라는 거죠. 믿음 없다는 거. 우리 교인의 지인은 그냥 그 평신도인데 이 사람 생각이 그렇데. 목회자는 하나님이 주시는 거 먹고살아야 된다는 거예요. 없으면 굶고 있으면 먹고. 이렇게 해야 한다고 생각하는데. 이게 진정한 목회자라고 생각하는데. 평신도 중에서도 이런 생각을 가진 사람들이 있어요. (V 목사, 50대, 카페 주인)

[사례 III-21] "앞치마 두른 게 목회자냐."
아내: 교회도 아니라 그랬잖아. 목회가 아니라고.

V: 아, 그리고 우리 교단 높은 분이. 우리 동네에서 나랑 같은 해에 개척했던 양반이거든요. 그분이 몇 년 전에 우리가 하는 식당 사역 가지고…. 차라리 나한테 대놓고 이야기를 하던가. 다른 사람들 시켜서, 다른 사람들이 이 친구(전도사)한테 전달을 해준 거야. 뭐라고 했냐면. **"저건 교회가 아니다"라고 했대. 목회가 아니라고.** 그니까 그런 틀 안에 있는 사람들이 교권을 잡고 있고. 법을 만드는 위치에서….

전도사: **아~ "앞치마 두른 게 목회자냐"** 그랬어요. 아하하하(일동 웃음) 맞다! 시험 치러 들어갔을 때.

V: 시험 때 그런 거였어?

전도사: 시험 볼 때 그랬잖아. 다른 목사님이….

목사: 내가 담임 물러나면, 이 친구에게 내 자리를 줘서 담임을 세우려 했는데. 교단에서 시험치는 중에 그런 이야기를 들었대요. 앞치마 두른 게 목회냐고.

연구자: 그걸 직접 말했다고요?

전도사: 직접 저한테 얼굴에 대놓고 이야기했어요.

V: 그런 사람도 있고, 또 OOO 목사도 "그게 목회냐?" 이렇게 이야기하고.

아내: <u>ㅎㅎㅎㅎ</u>

연구자: 그 앞치마가 식당 말씀하시는 거죠? (일동 웃음)

(V 목사, 50대, 카페 주인)

    이중직 목회와 교회 형태를 불결하게 생각하게끔 하는 한국교회의 체계란 종교가 더욱 순수한 영역을 추구하는 것과 관련이 있는데, 한국 개신교에서 순수하다고 여겨지는 특질들은 경제적 영역들에 뿌리박혀 있다. Q의 사례는 한국교회에서 목회자의 순수함이 개인의 경제적인 특성에 의존하는 것으로 표현되고 있음을 보여준다.

> **[사례 III-22] 교역자가 통장을 갖는 건 죄**
>
> 통장 갖지 말자고 선언을 했었어요. 우리는 통장도 없었어요. 왜냐면 70년대만 해도. 제가 ㄹ 교단 교회사를 읽잖아요. OOO 목사님이 교단 어른이신데. 그때 그분이 써놓은 설교를 보면, "교역자가 통장을 갖는 건 죄"라고 써 놓으셨어요. 60, 70년대는 교단들이 워낙 어려운 상태였잖아요. 뭐, 아무것도 몰랐을 수도 있고, 순진무구했을 수도 있고… 그런 마음으로 그냥 하나님께 다 맡기고 가지 뭐. 주면 먹고, 안 주면 금식하고. 그런 자세로 시작을 했어요. 그런 순진무구한 아내를 또 만나서…. (Q, 전 ㄹ 신학교 교수)

"통장을 갖는 건 죄"라는 말속에는 목회자란 생존을 위해서 돈이나 자신의 노동을 수단으로 사용하는 존재가 아니라 신을 의존해야만 하는 존재라는 의미가 들어있다. 이 말이 오늘날 목회자들에게도 문자 그대로 통용되지는 않는다. 다만 이와 유사한 종류의 목회자 이해는 여전히 한국교회 안에 남아서 '이중직 목회'를 하나의 부정적 낙인이 되도록 기능한다.

> **[사례 III-23] "가만있으면 까마귀를 보내 주신다!"**
>
> '가만있으면 주님이 돈 주실 거야.' 이건 정말 잘못되었다는 거죠. 저는 이전에는 그런 게 맞는 건 줄 알았어요. 그런데 나중에 깨닫게 된 게. 어렸을적

부터 모교회[32]에서 신앙을 그렇게 배웠던 거죠. 율법적으로(…) 옛날 사역자들은 다 그런 마인드잖아요. 아니신가요? '돈 벌면 큰일 나. 굶어 죽으면 죽으리라. 가만있으면 까마귀를 보내 주신다! 먹을 거 다 주신다!' 물론 그거 맞아요. 틀렸다는 게 아니에요. (R 전도사, 30대, 기간제 교사)

[사례 III-24] "목사는 강단에서 죽어야 한대."
내가 어릴 때부터 배워왔던 분위기가 뭐냐면, 목사는 돈 벌면 안 되고 사모도 돈 벌면 안 되고…. 사모도 일을 하면 교인들이 싫어해요. '믿음 없다'고 그러고. 우리가 목회할 때도 그런 느낌이 있었어요. 지금 이제 워낙 경제가 어려워지고 그러니까 조금 덜하지만, 대형 교회나 중대형 교회는 지금도 사모님이 일하거나 그러면 싫어해요. 그리고 내가 어릴 때부터 듣고, 목회하면서도 선배 목사들한테 들었던 이야기는, **목사는 강단에서 죽어야 한대. 굶어 죽더라도 강단에 엎드려서 기도하면 하나님이 보내주신대. 먹을 걸 보내 주시고 사람도 보내주신다는 거예요.** 그거 다 개소리지. 다 헛소리고, 너무 현실감 없는 소리지. 그런데 그걸 믿음이라고 가르치고. 목회자가 생계와 가족 부양을 위해서 돈을 버는 행위를 죄악시하고 세속적으로 여기는 풍토가 굉장히 만연해있단 말이에요. (V 목사, 50대, 카페 주인)

[사례 III-25] '얼마나 못났으면 목사가 나와서 일을 해.'
제가 어떤 시선을 받았냐면요. 교회를 다니지 않는 사람들은 목사가 일을 한다고 하면 되게 좋게 봐요. "그래! 땀 흘려서 일을 하니까 (사람들 형편을)

---

32 모교회(母敎會)란 한 신도가 신앙생활을 처음 시작했던 교회를 지칭한다.

알지!"라는 이야기를 해요. 거의 우리나라 사람들은 대부분 어릴 때 교회를 가봤던 경험들이 있어요. 그런데 어쨌든 교회에 대해 실망들을 한 거죠. 그러다 보니 저같이 독특한 목회자들을 좋아해요. 그런데 오히려 교회를 다니는 사람들일수록, 그러니까 작업하러 지방에 내려가서도 열심히 새벽기도회를 가는 아주 독실한 크리스천들. 그분이 저를 대하는 태도가 그런 거예요. 그런 것들을 느껴요. **'얼마나 못났으면 목사가 나와서 일을 해.'** 자기네 목사님은 되게 존경스러운데, 저는 되게 우습게 여기는? 그런 것들을 너무 많이 느끼는 거예요. (C 목사, 40대, 목수)

한국 개신교의 상황에서 종교적 순수함, 혹은 신에 대한 의존을 표현하는 종교적 언어의 핵심은 경제적인 것으로 이루어진다. '죽으면 죽으리라', '까마귀를 보내주신다', '목사는 강단에서 죽어야 한다'라는 말속에 함축된 탈 경제적 삶은 목회자들에게 있어서는 선택의 영역이 아니며, 모든 목회자의 삶에서 다양한 형태로 입증할 것이 요구되는 절대적 요소다.

이렇듯 탈 경제성이 목회자 정체성의 핵심에 해당하는 것은 경제적 조건에 얽매이지 않는 삶이 '믿음'과 '신앙'의 유무 곧, 목회자 존재의 진위 여부를 판가름하는 일종의 기준으로 통용되기 때문이다. 따라서 이중직 목회자라는 삶의 양식은 단순히 기능적으로가 아니라 존재적으로, 그리고 집단적으로 오염된 정체성을 만들어낸다.

이중직 목회자들이 경험하고 내면화하는 순수와 오염의 경계는 목회자 정체성 내에 커다란 집단적 분화를 일으킨다. '목회자 정체성'은 한국 개신교 내에서 작동하는 상징체계를 반영하며 '전통적인 목회자 정체성'(순수)과 '이중직 목회자 정체성'(오염)으로 분화한다. 그리고 이 상징체계는 곧 오염된 정체성을 안고 살아가는 목회자들에 대한 낙인(stigma) 효과를 동반한다.

사회학자 어빙 고프먼은 낙인 효과가 발생하는 것은 가상적 사회정체성(a virtual social identity)과 실제적 사회정체성(an actual social identity)의 괴리에서 기인한다고 말한다. 가상적 사회정체성이란 낯선 사람을 만난 상황에서, 타인의 외모나 직업 등에 의해 타인을 어떤 유형에 종속된 인물이라고 무의식적으로 규정할 때 그 사람에게 부여되는 정체성을 의미한다.

한국 개신교에서 통용되는 목회자의 가상적 사회정체성은 위에서 본 것과 같이 전통적인 의미에서의 목회 활동에만 전념하는 탈 경제적 정체성이다. 반면 이중직 목회자들은 '순수한 목회자'와 달리 바람직하지 않은 속성 즉, 오염된 속성을 보유하고 있다고 여겨지는 이들인데, 그들이 지닌 실제적 사회정체성인 '이중직'이라는 정체성은 가상적 사회정체성과 정면으로 대치되기 때문이다.

고프먼은 낙인 효과가 발생되는 과정에 대해 다음과 같이 말한다. "그의 존재는 우리 마음속에서 건전하고 평범한 인격체에서 더럽혀지고 무시되는 인격체로 전락하게 된다. 특히 그런 속성의 불명예 효과가 매우 광범위할 경우 낙인이라고 지칭하는데, 때로는 이를 결함, 단점, 장애라고도 부른다."[33]

위에서 살펴본 C의 사례('교회가 세워지게 하소서'), N의 사례(냉소적인 시

---

33 어빙 고프먼, 『스티그마』 (한신대학교 출판부, 2009[1963]), 15.

선), V의 사례('앞치마 두른 게 목사냐')에서 나타난 발화와 관계들은 모두 가상적 사회정체성과 실제적 사회정체성의 괴리를 반영하고 있다. 이 괴리에서 발생하는 낙인효과에 따라 이들은 교단적인 차원에서는 이중직 금지법을 통해 '불법적인 존재'로 각인되며, 동료 목회자들에게는 '실패한 목회자', '믿음 없는 목회자', 교인들과 가족들에게는 '능력 없는 목회자', '못나고 우스운 목회자', '진정성 없는 목회자'라는 오명과 낙인을 지니고 살아간다.

우리는
일하는 목회자입니다

4장
일하는 목회자에게 듣다

2장과 3장에서는 일하는 목회자가 양산되는 한국교회의 구조적 상황 및 문화적 특성을 일하는 목회자의 집단적 정체성을 중심으로 살펴보았다면, 본 장에서는 이중직 목회자들의 구체적인 삶의 양상을 살펴보기로 한다. 일하는 목회자들의 삶의 양상을 세 종류의 현장을 따라 추적하고자 하는데, 이는 시간 순서대로 구직 현장, 노동 현장, 목회적 노동의 현장이다.

1. 구직 현장

개인과 가정의 생존, 그리고 목회자로서의 생존을 위해 이중직 목회자가 되기로 결심한 목회자들에게 가장 먼저 펼쳐지는 상황은 구직을 해야 하는 상황이다. 목회자들의 직업 탐색의 과정은 곧 좌절의 경험이기도 한데, 이것은 일반적인 목회자들이 위치한 사회경제적 조건이 노동 시장에서 일자리를 구하기에 적합하지 않기 때문이다.

생계를 위해 이중직을 결심하게 되는 목회자들의 주요 연령대는 30대 중후반에서 40대까지이며, 목회자로서의 경력 외에는 어떤 경력도 없는 경우가 대다수다. 교회에서 전임전도사를 하고 있는 E는 아르바이트를 구하던 경험에 대해 자신의 SNS에 다음과 같이 적었다.

> **[사례 III-1-1] 무색무취하여 어디서도 믿고 거르는 그런 존재**
> 쉴 새 없이 손가락을 왔다 갔다 하며 각종 사이트에서 알바를 찾았다. 새삼스레 깨닫게 된 것이 있었다. **나는 올해 37살, 아무런 기술도 없는, 서류상으로 볼 때 무색무취하여 어디서도 믿고 거르는 그런 존재였다는 것.** 거울을 보니 이전에 보지 못했던 잔주름들, 다크 서클, 푸석해진 피부, 이전에는 동안이라는 소리를 제법 들었으나 이제는 아무 데도 쓸데없는 그런 앳띤 얼굴을 한 37살이 무표정을 하고 있었다.
> 몇 군데에 이력서를 넣었는지 기억도 안 난다. 그리 마음에, 몸에 들지도 않는 일임에도 일단 한번 해보자라고 넣으며 시작했는데, 연락도 안 하고, 확인도 안 하니, 그 이후로부터는 그냥 무작위로 조금만 괜찮다 싶으면 지원했다. 단 한 군데에서도 연락이 온 곳이 없었다. 익숙하나, 아프지 않은 것은 아니었다.
> 시간은 여전히 흐르고 있었다. 끝까지 망설였던 것은 물류센터 일이었다. (E 전도사, 30대, 고시원 총무)

구직 시장에서 목회자가 쓸모있는 자리는 없다. 이처럼 이중직 목회자들이 경험하는 절망감의 기저에는 교단이나 교회 내부에서 쌓았던 자신의 경력, 능력, 학력이 교회 밖에서는 일자리를 구하는 데에 전혀 도움이 되지 않는다는 사실이 존재한다. 구직 시장에서 목회자는 E의 말대로 "서류상으로 볼 때 무색무취하여 어디서도 믿고 거르는 존재"가 되는데, 결국에 이들이 향하는 것은 아주 낮은 수준의 급여를 받는 단순 노동 아르바이트들이다.

게다가 목회자라면 대학원(목회학 석사)을 졸업한 사람이기에 이런 단순 노동에 해당하는 아르바이트에도 적합하지 않다고 여겨지는 경우가 많다. Y는 교회의 월세를 감당할 수 없는 상황에서 생활정보지를 배부하는 아르바이트를 하기 위해 지원했으나, 자신의 학력 때문에 "이 일은 힘든 일이라 오래 못할 것 같다"는 이유로 구직에 실패했다. 그 이후로는 이력서의 최종학력을 기입하는 란에 '고졸'로 표기하여 구직에 성공하게 된다.

> **[사례 III-1-2]** "최종학력을 '고졸'로 표기한 후에 합격하였습니다."
>
> 교회 운영도 못하는 현실이 계속될 때, 더 이상 가만히 있을 수 없다는 생각에 구직활동을 펼치려고 했습니다. 군복무 중 당한 후유증으로 육체적인 노동을 하기에는 한계가 있어서, '생활정보지'를 배부하는 일을 선택했습니다. **어느 면접 때는 '대학 졸업하고 이런 일을 할 분이 아닌 것 같다', '이 일은 힘든 일이라 오래 못할 것 같다'며 탈락했습니다. 그 다음에는 최종학력을 '고졸'로 이력서에 표기한 후에 합격하였습니다.** 교회 월세나 자녀교육비라도 보탬이 되고자 하는 절박함에서 선택한 결정이었습니다. (Y 목사, 50대, 경매사)

단기 아르바이트를 전전하던 C는 불안정한 삶이 지속되자 급여가 적더라도 일당이 아닌 월급을 받는 일을 찾기로 했다. 이력서를 100통을 넘게 넣었지만 면접을 본 것은 네 번 밖에 되지 않았는데, 면접 당시에서 그가 마주한 상황은 신학 전공 졸업장이 '벌어먹고 사는데 전혀 도움이 안 되는 졸업장'일 뿐만 아니라 오히려 걸림돌이 되는 상황이었다.

> **[사례 III-1-3] "대학원 나오셨는데 이 정도 월급 받고 하실 수 있냐."**
> 아내가 "월급을 적게 받더라도, 월급을 받는 데를 들어가는 게 어떻겠냐." 그래서 제가 이력서를 100통을 넣었어요. 근데 제가 실제로 가서 면접을 본 게 네 군데인가 밖에 안돼요. 나이가 많고. 공부는 굉장히 많이 했지만 벌어먹고 사는데 전혀 도움이 안 되는 졸업장인 거예요. 신학이. 또 어떤 데서는 그런 것도 부담스러워해요. 신대원(신학대학원)요. "대학원까지 나오셨는데 이 정도 월급 받고 하실 수 있냐." 이런 것들을 물어보세요. 실제로 취업을 할 수가 없어요. 대부분의 목회자들이 그럴 거예요. 이중직을 하고 싶어도 할 게 없어요. 그러다 보니까 단순하게 할 수 있는 거, 시간이 굉장히 많이 들어가지만 돈은 적고 육체적으로 힘든 일들. 선택하는 데가 그런 데밖에 없어요. 단순하게 일용직을 한다든지, 상하차처럼요. 힘쓰는 거, 이런 거밖에 못해요. (C 목사, 40대, 목수)

U는 이중직을 하기로 결심하면서 말 그대로 뭐든 돈 되는 것이면 해보려고 시도한다. 그러나 그 역시 신학 전공자를 아무도 써주지 않는 현실 앞에 좌절한다. 국가공인자격증이 있지만 별 효과가 없었다.

20대와 30대를 목회자로 보낸 탓에 아무런 경력이 없었기 때문이다.

> **[사례 III-1-4] "마흔이 넘은 나이에 경력이 없으면…."**
> 물론 무조건, 무슨 일이든 하려고 했죠. 먹고 살아야 하니까요. 그런데 신학이라고 하는 타이틀은 어디도 안 써주더라고요. 제 친구 중에 목회를 포기하고 일하는 친구들은 90%이상이 보험회사 다니거든요? 그거 외에는 할 수 있는 일이 없어요. 이 나이대에 할 수 있는 게 없어요. 경력도 없고요. 저는 사회복지 자격증도 땄고 중등교사 자격증도 있어요. 젊었을 때 경력을 쌓았으면 상관없지만 지금 마흔이 넘은 나이에 경력이 없으면 어디도 안 써주는 거죠. 아르바이트도 찾아보고 많이 울었어요. 그때는 많이 울었고, 정말 힘들었고 그랬는데…. (U 목사, 40대, 청소업체 협동조합장)

이처럼 이중직을 시작하기로 결심한 목회자들이 처한 사회경제적 상황은 그들이 지닌 연령, 학력, 경력과 같은 특징들과 결합하여 좌절을 경험하게 한다. 대부분의 목회자의 삶이 한국 개신교의 교단과 교회를 벗어나 본 경험이 없거나, 경험이 있다 해도 그것이 너무 오래전의 일이기 때문이다.

그들의 삶이 교회 내부로만 위치지어졌던 것은 목회자가 교회와 교단을 벗어나 '세속의 영역'으로 나갈 필요가 없었기 때문일 뿐만 아니라 그래야만 목회자로서 생존할 수 있었기 때문이다. 그러나 상황이 바뀌어, 경제적으로 생존하는 것이 목회자로서 생존하는 것의 필요조건이 된 상황에서 목회자들은 처음으로 세속의 영역에 발을 딛게 된다.

단순 노동, 일용직 아르바이트와 같은 일을 구하는 것 외에, 목회자들은 빚을 내서 자영업을 시작하기도 한다. 이 경우 역시 목회자들은 비슷한 실패와 좌절을 경험한다. 교회 밖의 삶에 대해 경험해 본 바가 없기 때문이다. A는 아내와 함께 상담 센터를 운영하는 것으로 이중직을 시작하던 당시의 첫 경험에 대해서 다음과 같이 회고한다.

> **[사례 III-1-5] 사업 경험 없는 목회자의 취약성**
>
> 근데 문제는 뭐냐면요. 경험이 없다보니 고정비가 무서운 줄 모르는 거죠. 계산을 해보니 '월추 공간 비용 나오고 선생님들 급여 주고 하면 괜찮겠는데?'하고 착각을 한 거예요. 이 점이 자영업 이중직 목회 시작하는 분들이 많이들 경험하는, 취약한 그거예요. 비즈니스에 대한 경험 없이 쉽게 생각하고 달려드는 거죠. 그때 거기 월세가 230이었거든요. 근데 나중에 생각해 보니까 적정수준은 150정도였어요. 그 이하 언저리였으면 더 좋았고(…) 모든 목회자들이 뭘 시작할 때 너무 긍정적이고, 잘 될 거라는 환상 가운데 있어요. '어떻게 되겠지.' 교회라는 게 그렇잖아요. 어떻게든 되잖아요. 회사는 그렇지 않아요. 회사를 해본 사람들은 그렇게 접근하지 않아요. 굉장히 치밀하게 계산하고 접근한다고요. 사업성 따지고, 손익 따지고, 이게 유지 가능한지 철저히 따지고 접근하는데, 목회자들은 대충 따져보고 대충 계산하죠. (A 목사, 40대, 협동조합장)

A가 말한 바와 같이 목회자들이 사업에 대한 경험이나 감각이 없는 탓에, 무리하게 빚을 내서 자영업을 시작했다가 실패하는 일들이 많다. K는 이런 '순수한 목회자들'이 사기의 피해자가 되거나, 무리하고 성급한 시도를 하다가 실패하는 경우가 많다며 다음과 같이 말한다.

> **[사례 Ⅲ-1-6] "목회자가 속기 좋아요."**
>
> 목회자가 속기 좋아요. 어떻게 속냐면…. 상담전화를 하면 냴름 만나죠. 그럼 거기 관계자가 딱 와요. 물장사가 제일 남는 거라고 하면서, 1인 커피숍 매출 명세서를 가져와서 딱 보여줘요. 그럼 매출이 천만 원 찍혀있거든요. 실제로 천 찍혀요. 근대 매출이 중요한 게 아니라 남는 이익이 얼만가가 중요한데…. 다 까고 나면 자기 월급 하나 남거든요. 근데 그거 보여주는 거예요. 매달 천만 원씩 찍힌 거 보여주면 눈 뒤집혀서 해요. 그럼 그거 할 때 대출받아야죠. 돈 꿔야지, 인테리어 해야지, 막상 하면 업체에서 기자재를 다 대기 때문에 30~50% 다 가져가지…. 제 지인 목사 중에, 재작년에 저한테 와서 카페한다고 했던 분 있어요. 그때 제가 예언을 했어요. '당신은 딱 3년 할 거다. 3년 있다 그만둘 사람이다.' 근데 얼마 전에 와서 이야기하더라고요. 내년에 그만둔다고. **너무 안타까운 거는, 순진한 목회자들이 많이 당하는 거예요. 순수한 목회자들이 어쩔 수 없이 안 되는 구조에 뛰어 들어가는 분들이 많고…**. 저는 제일 큰 거미줄이 카페라고 생각해요. (K 목사, 40대, 학원 원장)

    AC는 오랜 기간 초대형 교회에서 부목회자로 일했다. 그는 40대 초반에 교회를 개척하면서 자영업으로 이중직 목회를 시작하게 되었는데, 교회 내부에만 있다가 처음 세속의 영역에 발을 디디면서 스스로가 바보가 된 것 같았다고 술회한다. 그는 자신을 비롯한 목회자들의 경험을 '하늘/땅'이라는 이분법을 사용하여 제시한다.

[사례 III-1-7] "목사가 바보라는 걸 느꼈거든요."

이제는 목회자들이 땅을 좀 디뎌야 한다고 생각해요. 하나님의 나라만 추구하고 기도하면 되고 말씀 앞에 서야 한다는 말만 하는데, 그걸 하늘에서 하시죠. 그걸 땅을 밟고 해야 해요. **저는 여기 와서 목사가 바보라는 걸 느꼈거든요. 세금도 모르고, 부가가치세도 모르고, 아무것도 모르는 거예요. 저는 이제서야 인간이 되어가고 있다고 느껴요.** 예전에는 은행 업무 있을 때, 교회 사무처에 전화해서 '실장님 어떻게 하면 될까요?'라고 해요. 그러고 나서 은행에 가면 VIP실로 들어가요. VIP실 들어가면 다 해결되어 있어요. 그런데 이제는 인간이 됐어요. 번호표 뽑고…. 목사가 그런 걸 경험해보지 못했기 때문에 사회와 이질감이 생길 수밖에 없는 거죠. (AC 목사, 40대, 공간대여업)

이처럼 세속의 영역에 나온 목회자들은 구직 경험을 통해서 교회 안과 밖의 괴리를 체화한다. 이는 '무색무취의 인간이 되는 경험', '스스로 바보가 된 것 같은 경험'이며 '인간이 되는 경험'이자 '하늘에서 땅으로 내려오는 경험'인데, 이 모든 경험들은 동일한 좌절감을 동반한다.

이중직 목회자들은 실제로 어떤 일에 종사하는가? 다음은 현장연구 기간 동안 페이스북 그룹 '일하는 목회자들'에서 수집한 목회자들의 부업들이다.

일용직이나 아르바이트에 해당하는 비정규직종은 총 39개로 다음과 같다.

목수(기공), 쿠○ 배달원, 벽돌/블럭 쌓기, 외국어 학원 강사, 일용직 청소, 덕트, 차량인도, 홈 케어, 어린이 학습지, 대리운전, 식당설거지, 정수기 판매 및 점검, 은행청원경찰, 생활정보배달, 우유보급소, 학원차량기사, 유아체육강사, 물류센터, 공장, 막노동, 건설현장 잡부, 토익교재판매원, K○ 무선 CS, 신용카드 모집인, 편의점 직원, 고시원 총무, 백화점 판매원, 아파트 관리, 엑스트라 보조출연, 타○ 택시, 택시 기사, 대학교 학과 조교, 지게차 운전, 종이쇼핑백 만들기, 화분 판매 영업, 무단 폐기물 검사, 지역아동센터 아동복지교사, 상조회사 직원

자영업에 해당하는 직종은 11개로 다음과 같다.

스터디카페 운영, 프랜차이즈 식당 운영, 청소업체 운영, 공부방 운영, 편의점 점장, 푸드 트럭, 과일 행상, 붕어빵 판매, 분식집, 꽃 장사, 옷가게 운영, 목수 공방 운영

이렇게 나열된 직업들은 목회자들이 선택하는 부업의 특성들을 반영하는데, 중요한 것은 이 모든 직업들이 목회자들에 의해 동일한 정도의 가치를 획득하는 것은 아니라는 점이다. 이중직 목회자들이 부업을 하는 근본적인 이유는 목회자로서의 생존이기에 목회와 병행할 수 있는 종류의 부업을 찾는 것이 중요하다.

목회자들이 선택하는 부업의 '이상적인 조건'이라는 것이 존재한다. 이 조건은 목회자의 사회경제적 조건, 직업윤리와 정체성이 반영되며 형성된다. 흥미로운 것은 그 과정에서 일종의 '부업의 도덕성'이 생

겨난다는 것이다. 즉, 부업의 이상적인 조건은 '더 바람직한 부업'과 '덜 바람직한 부업'을 구분하는 도덕적 기준으로 작동하며 직업상의 순수와 오염의 경계를 가른다.

그 기준이란 무엇이며 어떻게 작동하는가? 부업의 도덕성을 가르는 첫 번째 조건은 '시간'이다. 목회자로서 목회를 해야 하는 최소한의 시간이 확보가 되어야 하며, 근무 시간이 교회의 예배 시간을 침범한다면 아무리 조건이 좋고 훌륭한 일이라도 목회자에게는 바람직하지 못한 오염된 직업이다.

> **[사례 Ⅲ-1-8] 시간 조절이 가능한 부업**
>
> 그래서 일단 '뭘 할 수 있을까'하고 생각을 하다가…. 생활정보지를 보니까 밤에 포차 설거지가 나왔더라고요. 시간은 딱 좋았어요. 편의점 같은 것도 생각해봤는데, 시간대가 맞지 않아 가지고…. **수요예배 새벽예배 할 생각으로. 그 시간대가 저녁 9시부터 새벽 4시까지 딱 일하고, 끝나자마자 새벽 기도하고 아침에 좀 자고 일어나서 교회 일하고** 그런 생각으로 면접을 봤는데. 사장님이 요리하면서 운영하면서 일하는 사장님인데, 사장님 얼굴이 사람 얼굴이 아닌 거예요. 그렇게 밤낮이 바뀌어서 계속 일하니까. '여기서 계속 일하면 내 얼굴이 저렇게 될까?'라는 생각도 들고. '이건 아닌 거 같다'는 생각이 들어서 안 하기로 했고. 학습지도 이력서를 내 봤어요. 정보지를 딱 보니까, 요건 100만원 이상 보장해준다 하고, **시간도 조절가능하고 그런 조건이 있었어요. 또 하는 만큼 늘어난다고 했어요. 시간조절이 가능하다고 한 게 저한테 딱 맞았어요.** (J 목사, 40대, 방문학습지 교사)

> **[사례 Ⅲ-1-9] 저녁 예배와 새벽 예배에 지장이 없는 부업**
> 태권도 사범을 그만두면서 수입이 감소했죠. 그랬다가 그걸 만회하기 위해서 우체국물류지원단에 들어간 거죠. 그때 당시에는 160~180정도 받았어요. 주일은 일 안 하고…. 야간 몇 시간만 하는 거기 때문에 저 말고도 제가 갔을 때 목회자가 많이 와 있더라고요. 목회자들이 밤 10시부터 새벽 3시까지 밤 시간에 살짝 할 수 있는 알바 개념으로요. 일단 목회자들이 그 일을 선택하는 이유는, 밤늦게 시작해서 새벽에 끝나다 보니까 목회에 지장이 없고 저녁예배나 새벽예배에 지장이 없기 때문에 선택하는 게 많고요. (AB 목사, 50대, 다단계(건강기능식품))

> **[사례 Ⅲ-1-10] 시간 활용이 좋은 부업**
> 제가 초등학교에서 일하는 이유가. **초등학교가 시간적인 여유가 좋아요.** 학교에서 학습 부진아 강사를 채용하는데, 그게 시간당 페이가 나쁘지 않고, 시간 활용이 좋아요. 월부터 금까지 9시부터 12시까지만 일하거나, 오후 2시서부터 5시까지 일하거나 그러면서 120만원의 페이가 나오거든요. 오전 시간을 이용하거나 오후 시간을 사역에 이용할 수 있는 그런 시간이 충분히 확보되거든요. 저도 사역에 영향을 미치지 않을 정도의 알바 일을 찾는 거죠. 그러다보니 초등학교를 찾게 되었고. (T 전도사, 40대, 방과후 교사)

이처럼 목회자가 예배시간에 지장을 주지 않는 부업을 선택하는 것은 가장 기본적이고도 중요한 기준이다. 그런데 미자립교회 담임목회자의 경우 이런 조건을 만족시키는 부업을 구한다고 해도, 목회자가 일을 하는 이상 교회는 늘 닫혀있을 수밖에 없다. N은 그런 상황에서는 교회가 고립된다고 말한다. 그는 일과 목회를 함께 더 효율적으로 하기 위해서 자신이 개척한 교회 공간을 주말에는 예배 공간으로 사용하는 동시에 주중에는 만화카페 영업장으로 만들어서 늘 '열려있는 교회'를 운영하기로 한다.

> **[사례 III-1-11] "적지만 돈을 벌고, 열려있는 교회"**
> 대부분 개척을 하면 사모가 청소를 하든, 식당을 다니든 일을 하면서 돈을 벌어요. 그리고 대부분 교회들이 목사님들까지 일을 하면서 교회가 닫혀있다는 거예요. 그게 저한테는 안 맞았어요. 그러면 점점 교회가 고립됩니다. 목사님들이 일을 한다고 해도 고액을 벌지는 못하거든요. 150~200만원 벌면 엄청 버는 건데, 그거 벌면서 교회 문 닫혀 있고…. 그거 번다고 해서 4~5인 가족 생활도 안 되거든요. 교회는 쪼그라들고 목회는 목회대로 안 되고, 가정은 가정대로 힘들고…. 그러다 저희 부부가 결정을 내린 것은요. '만화카페 컨셉으로 교회를 오픈했으니, 평일 오후 1시부터 7시까지 아이들 돌봄이 필요한 시간에 당신(아내)이 만화카페를 열어라. 우리 교회를 열려있는 교회로 만들자.' 그렇게 적지만 돈을 벌고, 열려있는 교회를 만들고….
> (N 목사, 40대, 아파트 경비)

목회자가 고려하는 이상적인 부업의 두 번째 조건은 '직업윤리'다. '시간'의 경우와 마찬가지로 아무리 조건이 좋아도 목회자의 직업윤리에 의해서 목회자 정체성을 훼손하는 직종이거나 그럴 가능성이 높다면 목회자의 이상적인 부업 조건을 만족시키지 못한다.

여기서의 직업윤리란 무엇인가? 지자체에서 실시하는 사회적 기업

양성 프로젝트에 선정되어 활동하는 I는 이 직업윤리를 '명분'이라는 말로 표현한다. 목회자에게 돈이 필요하지만 그에 못지않게 '명분'이 필요한데, 그 명분이란 개인만의 이익을 추구하는 것이 아니라 타인의 이익, 곧 사회적 이익을 함께 추구하는 것이다.

> **[사례 III-1-12] "그냥 돈, 돈, 돈, 하는 건 자존심이 상하고"**
>
> 공무원들이 말하는 게, "사회적 경제 아카데미라는 게 있다. 여기 참석해봐라." 거기 참석해서 처음으로 접한 게 '사회적 기업'이라는 거예요. 사회적 기업의 접근은 사회적 목표를 추구하면서 이윤도 추구하는 거예요. **이게 딱 맞더라고요. 목사가 돈이 필요한데, 이 돈을 버는 데 있어서 그냥 돈, 돈, 돈 하는 건 자존심이 상하고…. '사회적 기업으로 접근하는 게 나한테 맞겠다. 그래도 내가 돈을 추구하면서 당당하게 이야기할 수 있는 구조는 되겠다.'** 그런 생각을 했죠. (I 목사, 50대, 지역아동센터 교사)

학습지 교사로 일하며 목회를 하는 J는 직원들이 회의 때마다 "인류 사회에 공헌한다"라고 외치는 구호를 들으며 역설적으로 교회 밖 회사에서 목회자로서의 직업윤리를 발견한다.

> **[사례 III-1-13] '내가 사회에 이득이 될까?'**
>
> 직업윤리를 생각할 때 그런 것도 생각이 되긴 할 거예요. '내가 사회에 이득이 될까?'라는 생각도 드는데…. 학습지 일 하면서 회사에서 회의할 때마다 교사들이 항상 외치는 게 있어요. 사훈이라고 할까? 학습지 회사가 이윤을 추구하는 회사인데도 교사들이 항상 외치는 게 이래요. "한 사람 한 사람

> 개인의 가능성을 발견해서 개인의 역량을 키워가지고 인류 사회에 공헌한다." 허허허허. 이게 돈 버는 회산데 말이죠. 그들이 추구하자고 하는 게 한 사람 한 사람 개인 역량도 높이고, 인류사회 공헌도 한다고 하니까…. 다 돈 벌자고 모인 사람들인데 말이에요. **'아, 요거에다가 하나님만 들어가면…'**
> (J 목사, 40대, 방문학습지 교사)

이처럼 목회자 부업의 도덕성이란 시간과 직업윤리의 두 가지 요소로 구성되는데, 이는 명문화된 형태로 존재하는 것이 아니라 느슨하고 추상적인 형태로 존재한다. 부업의 도덕성은 목회자가 선택하는 부업이 타인이나 사회 전체의 이익과 배치되지 않는 방식의 직종이어야 하며 이타적인 수입구조를 취해야 한다는 감각이다.

어떤 직업의 경우에는 바람직한 직업과 바람직하지 않은 직업의 경계에 위치하기도 한다. 부업의 순수와 오염의 경계가 모든 목회자에게 동일하게 자명한 것이 아니기에 경계 상에 위치한 직업들은 상반된 평가를 받게 되는데, 이 상반된 평가들은 목회자 정체성('목회자는 무엇이어야 하는가?')에 대한 엇갈린 시선을 투영한다.

일하는 목회자들의 온라인 커뮤니티에서 순수와 오염의 경계에 위치하여 논란을 일으켰던 대표적인 직종은 주식투자와 경매, 그리고 다단계였다. 그중에서 Y의 사례는 직업에 대한 목회자들의 부업의 도덕성이 어떤 방식으로 작동하고 있는지 잘 보여준다.

경매사로서 일과 목회를 병행하고 있는 Y는 일하는 목회자들의 온라인 커뮤니티에 자신을 소개하며 경매사로 일하고 있다는 사실을 밝혔다. 그러자 목회자들 사이에서 댓글로 설전이 벌어졌는데, 골자는 목사가 경매사를 해도 되는가, 안 되는가 하는 것이었다. Y는 댓글을 통해서 뿐만 아니라 개인 메신저를 통해 다수의 목회자로부터 모욕과 비난을 들었는데 그 내용은 '경건하지 못하다', '목회자답지 못하다', '자질이 없다' 등이었다.

이런 모욕과 비난의 근거는 경매사가 이기적인 방식으로 수입을 창출하는 직종이라는 인식 때문이다. Y는 생면부지의 목사들로부터 다음과 같은 개인 메시지를 받았다고 말했다. '목사가 투기하면서 성도들에게 경제활동에 대해 떳떳하게 말할 수 있느냐', '타인의 아픔을 이해하지 않고, 오히려 배를 불리는 수단으로 삼는다', '왜 성실하게 일하는 분들을 충동질하느냐', '손쉽게 거저먹으려 하느냐, 땀 흘려 일해서 수입을 가지라' 목회자들의 이런 평가에 대해 Y는 다음과 같이 말한다.

> **[사례 III-1-14] 목사가 경매를 한다고 했을 때 들은 비난**
>
> '경건하고 건전한 생활을 권면할 자가 투기(?)를 일삼느냐'는 말투의 질문들. '목회자가 돈독이 올랐느냐?, 얼마나 믿음 없고 성령 충만하지 못하면 하나님께 맡기지 못하고 인위적인 일들을 하느냐'라는 비아냥들. '그런 일이나 하고 있으니 교회가 부흥이 되거나, 성장하지 않는다'는 말들이 댓글과 메시지의 대부분이었습니다. 투기가 아닌 절박한 마음을 이해하지 못하는 이들에게 아무 소리도 하지 않았습니다(…) 늘 스스로에게 하는 다짐이 있었습니다. '무슨 일을 하든 가족들과 하나님 앞에서 부끄럽게 살지는 말자' (Y 목사, 50대, 경매사)

2. 노동 현장(1): 정체성의 혼란

일하는 목회자들이 처음 일을 시작하게 되었을 때 공통적으로 경험하는 것은 정체성의 혼란이다. 목회자들이 경험하는 노동 현장이란 단순히 목회와 생계를 위한 수입 활동만을 하는 곳이 아니다. 목회자들의 노동 현장은 정체성의 혼란과 파열, 재정립 등이 일어나는 하나의 장이라고 할 수 있다. 왜 노동 현장에서 왜 정체성의 문제가 중요하게 부상하는 것일까?

현대 자본주의 사회에서 개인은 수많은 선택에 열려있으며, 이 선택들은 자아정체성을 구성하는 핵심요소가 된다. 그리고 이 중에서 현대인의 정체성을 구성하는 개인의 선택 중 가장 중요한 선택이 바로 직업이다.

"개인이 교육을 받는 것은 직업을 획득하기 위한 과정이며 개인의 삶 및 일상생활 이 직업에 의해 많은 영향을 받기 때문에 정체성의 여러 측면 중 직업 정체성(occupational identity)이 핵심적이라고 할 수 있다."[34] 이에 비추어보았을 때, '이중직 목회자'는 그 자체로 '목회자=목회직만을 수행하는 사람'이라는 한국 개신교의 내부적 통념을 깨는 것으로서, 자아정체성의 혼란을 초래한다.

'이중직 목회자'라는 정체성은 사회가 개인에게 부여하거나 기대하는 역할과는 괴리가 있을 뿐만 아니라, '역할'이라는 개념과도 단순히 등치되지 않는다. '역할'이란 사회학자 마누엘 카스텔의 말과 같이 필

---

34 유홍준 외 2명. 2017. "한국인의 직업정체성과 직업위세". 『한국 사회』 18(1). 78

연적으로 자아 구성과 개별화과정을 포함한다는 의미에서 사회적으로 구성되는 무언가이다.[35]

이중직 목회자가 일반 목회자와 다른 방식으로 자아 구성과 개별화과정을 거쳐야 하는 이유는 (사회적 통념이 목회자에게 기대하는) 가상의 사회적 정체성과 (이들이 실제로 수행해야 하는) 실제적 사회적 정체성이 불일치하기 때문이다.[36]

이 두 정체성은 내부적으로 우리가 누구인지를 정의하는 과정과 외부적으로 우리가 누구인지가 정의되는 두 가지 과정이 서로 상충하거나 일치하면서, 즉 동일화와 차이화의 역동 속에서 스스로를 정체화하게 된다. 이러한 정체성의 사회적 구성 및 정립 과정을 통해서 목회자 정체성의 혼란, 분화 및 대결 양상을 파악해 볼 수 있다.

야간에 생활정보지를 배달하는 일을 하다가 새벽 기도를 마치고 교회에서 나오는 개신교 신자들을 보면서 '울컥함'을 느꼈다는 Y의 이야기는 일하는 목회자들의 (사회적 통념이 목회자에게 기대하는) 가상의 사회적 정체성과 (이들이 실제로 수행해야 하는) 실제적 사회적 정체성의 불일치로부터 나오는 정체성의 혼란이 어떠한 모습인지를 보여준다.

> **[사례 III-2-1] '내가 이게 뭐 하는 짓인가?'**
> 처음 몇 달간 '생활정보지'를 배부하던 중에 많은 갈등을 겪었습니다. 특히, 새벽 1-2시부터 시작되는 일들은 아침 8-9시가 되어야 끝납니다. 가장 힘들었던 부분은 새벽에 일을 하며 생활정보지를 거치대마다 분배할 때였습

---

35 Castells, Manuel., *The Power of Identity*, Blackwell(2004)
36 Jenkins, R., *Social Identity*. Routledge(2008)

니다. 교회 주변을 돌 때면 새벽 기도를 드리러 가는, 혹은 새벽 기도를 마치고 나오는 성도들의 평안한 모습을 바라보게 되는데, 그때마다 울컥하며 '내가 이게 뭐 하는 짓인가?'라는 생각과 '목사가 이래도 되나?' 싶은 생각이 많이 들었습니다. 제 감정이 점점 위축되는 걸 아내가 알아채고는, '그만두고 기도만 해주세요. 그리고 인건비 줄이게 어린이집 차량이라도 운행해주세요'라고 부탁했습니다. 그 이후로 일을 그만두고 차량 운전을 하게 되었습니다. (Y 목사, 50대, 경매사)

'내가 이게 뭐 하는 짓인가?', '목사가 이래도 되나?'라는 생각 뒤에 깔린 강렬한 정체성의 혼란은 곧 그들이 기존에 내면화해 온 목회자 역할과 목회자 정체성이 그만큼 깊고 강력하다는 것을 반증한다. 카페와 목공소를 운영하며 목회를 하는 B는 이중직을 하면서도 자신은 목회자로서의 정체성이 명확하다고 생각하고 있었다. 그러나 어느 순간 '나는 누구인가'에 대한 질문이 깊어지면서 혼란이 가중되고, 악몽까지 꾸게 된다.

[사례 III-2-2] 가중되는 정체성의 혼란과 악몽
나는 정체성의 혼란이 없고 오히려 명확하다고 생각했는데, 더 깊어지면 깊어질수록 혼란이 가중돼요. 요즘에는 생각이 드는 게 뭐냐면…. 가끔 꾸는 꿈이 있어요. 해안가 보면 막 낭떠러지 절벽 위에 평원이 있는 데가 있잖아요. 거기에 2미터씩 되는 갈대숲이 있는데 거길 내가 막 헤집고 다니는 거야. 근데 길이 없는 거지. 거기서 막 헤매다가. 진짜 악몽인데…. 그런 꿈을 많이 꾸는데, 잘 모르겠어요. 뭐가 맞는 건지 잘 모르겠어. (B 목사, 50대, 카페 주인)

이런 식으로 표현되고 경험되는 목회자들의 정체성 혼란의 원인을 세 가지로 정리할 수 있다. 그 첫째는 부업에 사용하는 시간이 많아지는 데서 기인한다. 목회자들이 부업에 사용하는 시간이 많아진다는 것은 곧 목회하고 목회를 준비하는데 쓰는 절대적인 시간이 줄어든다는 것을 의미한다. 목수로 일을 하고 있는 C는 점점 일이 많아졌고, 자연스럽게 목회에 쓰는 시간이 줄어들면서 정체성의 혼란을 경험한다.

[사례 III-2-3] '내가 뭐 하고 있는 거지?'
그렇죠. 정체성의 혼란이 많이 왔죠. 일만 하고 있으면…. 너무 많은 시간을 여기에 할애를 하다 보니까는, 말씀하신 것처럼 목사로서 준비하는 시간은 너무 없어지고요. 예배나 예전(liturgy), 이런 주제에도 관심이 많았거든요. 그런 시도나 고민을 할 수 있는 시간이 너무 없는 거예요. '내가 뭐하고 있는 거지?' 이런 생각도 들고. (C 목사, 40대, 목수)

C는 처음에는 목수로 일하는 것을 선교의 도구로 삼겠다고 생각을 했지만, 이런 생각 자체가 터무니없는 것이었음을 깨닫는다. 목수로 일을 하면서 목수보다 선교가 더 중요하다고 생각을 하는 순간, 목수도 선교도 실패할 수밖에 없음을 알게 된 것이다. C가 이 정체성의 혼란을 해소하는 방식은 목회자와 목수 두 가지 존재 양식이 모두 '나'임을 받아들이는 것이다.

[사례 III-2-4] "이게 두 개가 다 나다."
이게 중요하고 이건 중요하지 않다고 생각하는 순간. 이것도 안 되고 저것

> 도 안 돼요. 이것도 저의 부르심이고 저것도 저의 중요한 부르심인 거예요. 현장에 있는 사람들이 더 잘 알아요. 이 사람들이 어떤 진정성을 가지고 일을 대하는지…. 진정성을 가지고 일을 해야죠. 그러다가 어느 순간에 정체성의 혼란이 오면서 '이게 두 개가 다 나다'라는 생각을 하게 되죠. 이 모습들이 전부 다. 목회자로서의 나와 일하는 목수로서의 나가 구분되는 게 아니라, 둘 다 나의 모습이 있고…. 그렇게 일하면서도 저의 정체성을 찾을 수 있게 된 거죠. (C 목사, 40대, 목수)

둘째로, 일터로 나간 목회자들은 절대적인 시간뿐만 아니라 자신을 칭하는 호칭과 대우가 달라진 것으로부터 어색함을 느끼거나 충격을 받게 된다. C는 처음으로 공사장에서 일할 때, 사람들이 자신을 부르는 호칭에 충격을 받는다.

> **[사례 III-2-5] "어이~!"**
> 저한테 제일 중요했고, 또 큰 역할을 했던 게 현장에서 저를 부르는 호칭이었어요. "어이~!", "야!". 거기서, '아, 내가 그런 사람이구나'하고 깨달았죠. 처음에는 좀 기분 나빴죠. '내가 목산데….' 허허. 그런데 그런 것들이 깨지더라고요. (C 목사, 40대, 목수)

컨테이너 제작 업체에서 일하면서 개척교회 목회를 하는 AA는 함께 일하는 동료들로부터 심한 모욕을 당하면서도, 정작 자신은 목사이기에 참고 존댓말을 쓸 것을 강요당한다. 이런 과정에서 그가 느끼는 정체성의 혼란은 자괴감으로 이어진다.

[사례 III-2-6] "목사 새끼, 소 새끼, 개새끼."

저처럼 이렇게 험한 일을 하면 욕도 되게 많이 먹어요. 목사 새끼, 소 새끼, 개새끼부터 해가지고…. 목사인 거 알면서 그래요. 다 험한 일을 하니까, 지 마음에 안 들면 난리가 나요. 목사님들이 일을 하면서 나는 목사 대접을 받으면서 일을 할 수 있다고 생각하는데, 현실은 그게 아니에요. 현실은 '니가 목사면 뭐야? 내 밑에서 일하는데.'라는 태도죠. 목사 새끼, 소 새끼라고 해도 뭐라고 할 수가 없는 거예요. 파이프 집어던지면서 지랄하고 그러면 못 버티죠. 평생 그런 이야기를 들어본 적이 없는데(…)
일하면서 두고두고 갈등이 있어요. '내가 목회자인가? 일하는 사람인가?' 스스로도 '내가 어쩔 수 없이 일은 하고 있지만 나는 목회자다. 하지만 지금은 일하고 있다.' 이게 내 안에서 갈등이 되게 심해요. 사람들이 그걸 알고 비수를 꽂죠. (AA 목사, 40대, 컨테이너 제작 업체 직원)

셋째로, 목회자들은 타인과 사회적 관계를 형성할 때 정체성의 혼란을 느낀다. 노동 현장에서 형성하는 사회적 관계들이 목회자로서 형성해왔던 사회적 관계들과 상충하는 경우에 이 정체성의 혼란은 가중된다.

이들이 목회자로서 맺었던 관계는 공공연히 사익을 추구하는 것을 금기시하던 관계였다. 이에 반해, 노동자나 사업자가 된 목회자들이 자주 마주하는 상황은 상대방이 겪게 될 불이익에도 불구하고 사익을 추구해야 하는 상황이다. 한 업체를 통해 일용직 막노동을 하는 D는 클라이언트들과 흥정을 할 때 '내가 여기서 뭐하고 있는 건가' 하는 정체성의 혼란을 경험한다.

[사례 Ⅲ-2-7] "내가 목산데 여기서 이러고 있냐."

클라이언트들은 서비스가 마음에 안 드네 평수가 어쩌네 그런 말을 하지만, 저희는 평수대로 가격을 책정해서 하거든요. 그런 과정에서 저희가 흥정을 좀 해야 할 때, 일체의 양보가 없는 거죠. 그 이야기가 뭐냐면…. 일을 하게 되면서 **내가 돈에 매몰될 수밖에 없게 되는 거예요. 그러면 정체성이 많이 흔들리죠. 사실 그게 제일 큰 문제예요.** 다른 목사님들도 얘기하는 거 들어 보면, '내가 목산데 여기서 이러고 있냐. 돈 몇 푼 때문에….' 그런 고민들이 제일 많아요. 사실 저는 잘 몰랐어요. 근데 여기서는 **내가 손님들이랑 네고를 해야 되고, 논쟁을 해야 되고, 이런 입장이 되다 보니까…. '어휴. 내가 뭐하고 있는 건가' 하는 생각이 하루에 열 번도 들죠.** 이건 악순환이고 극복이 안 될 거예요. 스스로 마음을 다잡지 않는 이상 어떻게 될 수가 없어요. (D 목사, 40대, 일용직 건설노동자)

이렇듯 일하는 목회자들의 삶의 양식이란 정체성의 혼란을 지속적으로 경험해야만 하는 삶의 양식이다. 여기에는 늘 일종의 균형잡기, 줄타기를 할 것이 요구된다. C는 이를 '생존과 소명 사이에서 비틀거리기'라고 표현한다.

[사례 Ⅲ-2-8] "생존과 소명 사이에서 비틀거리는 거예요."

겨우겨우 일상을 버텨내고 있어요. 진짜 제가 자주 쓰는 표현인데. 생존과 소명 사이에서 비틀거리는 거예요. 쓰러지지 않으려고 비틀거리는 거죠. (C 목사, 40대, 목수)

C의 경우 생존해야 하는 상황은 '일상을 버텨내는 것'이면서 동시에 목회자로서 의미 있게 자신의 삶을 구성하는 것이다. 목회자가 처한 생존 상황이란 경제적 인간으로서의 서바이벌인 동시에 목회자로서의 서바이벌이라는 이중적 서바이벌의 상황이라고 할 수 있다.

두 종류의 서바이벌 중 경제적 서바이벌이란 사회학자 김홍중이 청년세대의 핵심 기표 중 하나로서 개념화한대로 "목숨의 구제를 의미하는 것이 아니라, 경쟁상황에 잔존하여 최소한의 안전을 확보하는 것에 더 가깝다. 그것은 대단한 성공이 아니라 소박하고 평범하고, 미래가 있는 삶에 대한 희망"이라는 의미를 지닌다.[37]

또한 목회자로서의 생존이란, 스스로를 목회자로서 정체화하며 살아가는 것이 가능한 최소한의 삶을 의미한다. 그런데 이 두 종류의 생존은 별개의 것이 아니다. 경제적으로 생존하지 못하면 목회를 할 수 없고, 목회자로 살지 못한다면 경제적 생존이 의미가 없다는 점에서, 이 둘은 '겹치는 영역'이다. U의 사례는 목회자들이 이 이중적 생존의 겹침을 어떻게 경험하는지 잘 보여준다.

[사례 III-2-9] 경제적 생존과 목회자로서의 생존

아, 그러고 보니까 작년에 되게 힘들었네. 그때는 택시 운전도 했어요. 타다 택시요. 그때는 진짜 힘들었어요. 진짜 눈물나게 힘들었어요. 말했잖아요. 작년 초에 우리 애 학비 때문에… 입주 청소가 새벽 7시부터 밤 7시까지 해야 해요. 그렇게 해야 두 개에서 세 개 할 수가 있어요. 두 개, 세 개를

---

37 김홍중, 『사회학적 파상력』 (문학동네, 2016), 7.

> 잡아야 수익이 되니까. 그러고 밤 7시에 집에 오면 바로 옷 갈아입고 밤 9시에 타다 택시 해서 새벽 3시까지 하고. 집에 와서 씻고 한두 시간 자고…. 그때 너무 힘들었어요. 온몸이 멍들 정도로. 택시를 탈 때, 살 꼬집고…. 그렇게 하다 결국 안 되겠다 싶어서 타다 택시를 일주일에 세 번만 가고…. 그래서 정말 많이 울면서 했어요. 그때 한참 너무 힘든 게, **교회 일을 하나도 못 했으니까.** (U 목사, 40대, 청소업체 협동조합장)

목회자들은 어떻게든 목회자로서 자신의 삶을 의미 있게 구성하고자 생계 전선에 뛰어들었다. 그런데 역설적으로, 생계 전선에 뛰어들자 목회자로서의 삶의 영역이 침범을 당하는 일이 일어나고 있는 것이다. 이렇듯 두 영역은 부분적으로 겹쳐있고 상호 침범한다. 두 영역이 상호 침범하는 상황을 어떤 식으로 이해하고 받아들이는지에 따라 일하는 목회자들의 삶의 양상이 나누어진다.

K는 교회를 개척한 이후 우연한 기회에 교단 소속의 사립학교에서 교목실 교사로 일을 하게 되었다. 학교에서 일을 하면서 자연스레 학교의 생리에 대해서 눈을 떴고, 교목실 교사를 그만둔 이후에도 자신의 음악적 재능을 살려서 공립학교의 방과 후 교사로 일을 이어갔다. 결국 K는 아내와 함께 음악 학원을 차렸다.

학원을 운영하지만 상황은 녹록지 않았다. 자녀 교육비, 채무 반환, 교회 운영으로 빠듯한 생계를 꾸려가고 있던 중, K는 학원 규모 확장을 고민한다. 학원 운영에 관한 노하우도 있고, 얼마든지 사업 규모를 확장할 수도 있는 상황이었기 때문이다. 그렇게 함으로써 가정 형편이 훨씬 나아질 수 있었지만 K는 결국 학원 확장을 포기했다. 학원을 확장하면 목회에 쓸 시간이 줄어들 것이 분명했기 때문이다.

> **[사례 III-2-10] "사업하고 목회하고 부딪히나 안 부딪히나."**
> 좋은 학원 두 개 가지고 있으면 사실 이익은 자연스레 훨씬 많아져요. 집사람은 계속 학원 두 개 하자고 하거든요. 지금도 계속 학원 알아봐요. 쉬지 않고 알아보고 몇 번 보러 가자고 하는 데도 있었어요. 그건 서울뿐만 아니라 전국구로 알아봐요. 안산도 알아보고 세종도 알아보고 그래요. 원장님 세워놓고 관리해도 상관없으니까. 근데 제가 아직 시도하지 않은 이유는…. **제 사업하고 목회하고 부딪히나 안 부딪히나. 그걸 따져봐야 할 거 같아요.** 솔직히 이야기해서는, 아직까지는 응답을 받지 못했다고 해야 하나? 지금은 학원 하나 가지고 이거 열심히 하는 게 사명이고…. **눈에는 보여요. 이렇게 (학원 확장) 하는 게 돈 버는 거다.** (K 목사, 40대, 학원 원장)

학원에서 교사로 가르쳤던 D 역시 비슷한 상황을 경험했다. D는 교회 개척을 하고 난 후 몇 달 동안은 기도와 말씀에만 전념했다. 그런데 사람들이 모이지 않고 경제적으로 어려움을 겪게 되자 자신의 해외 거주 경험을 살려서 외국어 강사로 학원에서 일을 시작했다. 처음에는 평일에만 일을 했으나 외국어 학원의 특성상 주말에 학생의 수요가 많아지자, 학원에서는 풀타임으로 전환하여 주말에도 종일 수업할 것을 요구했다.

> **[사례 III-2-11] "주말에는 오롯이 사역을 해야 하니까요."**
> 평일 수업만 해서는 수입이 안 되는 거죠. 차라리 제가 교회를 안 하고 주

> 말에도 풀타임으로 수업을 하게 되면, 경제적으로 좀 괜찮았을 건데…. 제가 교회를 개척하기 전에는 주말에도 일을 할 수 있었단 말이죠. 오전에 잠깐 교회 갔다가…. 그때는 정말 괜찮았죠. 경제적으로 힘들지 않았는데, 개척을 한 상태에서는 그걸 내려놓고 주말에 오롯이 사역을 해야 하니까요. 평일에는 일이 정말 없는 거예요. 그니까 이제 비율로 따져보면, 토요일 주일에 버는 돈이 80%였던 거예요. 평일에는 20%밖에 안 되고. 그러니 그게 용돈벌이 밖에 더 되겠어요? 그러다 보니 결국 사모가 나가서 일을 또 하게 되고. (D 목사, 40대, 일용직 건설노동자)

D는 결국 평일에만 일하기로 결정한다. 교회 개척 이전 기준 20%의 급여로 살아야 했기에 어쩔 수 없이 대리운전과 야식 배달 등의 아르바이트를 병행했다. 이렇게 2년 정도를 과도한 노동으로 일하자 심신이 탈진했고, 결국에는 아르바이트를 모두 그만 두고 다시 평일 학원 수업만 하기로 했다. 그러나 역시 평일 학원 수업만으로는 생계를 유지하는데 턱없이 부족했기에 학원을 그만두고 다른 일을 찾기 시작했다. 그렇게 찾게 된 일이 일당 10만원을 받는 일용직 건설노동자였다.

> [사례 III-2-12] "목회와 일의 선을 넘지 않는 방편"
> 연구자: 주말에 일해볼까 생각해 보신 적은 없으신가요?
> D: 그게 저도 생각하다가 그렇게 한번 해 봤어요. 토요일에 일하고, 주일 예배 끝나고 나가서 일을 했는데, 교회 사람들과 교제 시간도 없어지고…. 또 제가 독서나 영성 훈련의 시간들이 너무 부족하더라고요. 다른 건 모르겠지만 주말은 오롯이 그것을 위해서 시간을 투자해야 한다고

생각해서, 주말 일을 몇 번 하다가 당장 그만뒀죠. 체력도 안 되고, 이건 안 되겠다 싶어서요. 교회에 집중을 못 하니까 안 되겠다 싶어서…. 학원 일을 안 하고 노가다를 하고 있는 이유는, **목회와 일의 선을 넘지 않기 위한 방편이라고 할 수 있는 거죠.** (D 목사, 40대, 일용직 건설노동자)

[사례 III-2-13] 자발적으로 가난 선택하기

그럼 이제 단순하게 생각하면 이렇게 되는 거예요. 일주일에 두 번 일하면 일주일에 20만원을 버는 거예요. 한 달에 한 80만원 정도 벌면, '일단 교회 월세는 낼 수 있겠구나.' 이렇게 되는 거예요. 이게 어떻게 들릴지는 모르겠지만…. '자발적 가난'이라는 말 있잖아요. 사실은 저도 목회 때문에 불가피하게 그걸 선택한 케이스가 되는 거죠. 제가 외국에서 오래 살았고 그쪽 관련해서 경력도 있고 하니까, 오라는 데도 있고. 지금도 학원에서는 자주 전화가 오죠. 요즘 주말에 일 못하시냐고. "저는 안 됩니다…." 교회만 아니었으면…. 그거 아니면 저는 뭐 그렇게 어려울 일은 없는데. 교회 때문에 이 걸 선택할 수밖에 없는 상황인 거죠. 그런데 많은 목회자들이 그러실 거예요. 저뿐만이 아니라…. (D 목사, 40대, 일용직 건설노동자)

적은 급여에도 불구하고 학원에서의 주말 일을 거부하고 평일에만 일한 것, 그리고 학원을 그만두고 막노동을 택한 것은 D에게 있어서 목회와 일의 선을 넘지 않는 방편이다. 그러나 일당 10만원 받는 일용직을 한다고 해서 목회자로서의 선이 안정적으로 지켜지는 것은 아니었다. 문제는 일용직의 특성상 한 달에 일이 얼마나 있을지 예측할수가 없다는 점이었다. 일이 열 번 있는 날이 있는 반면, 코로나19 바이러스 확산으로 인해 일이 아예 없어지는 달이 생기기도 했다.

이런 불확실한 상황을 타개할 수 있는 근본적인 방법은 일용직에서 벗어나 사업자등록을 해서 업체를 차리는 것이었다. 그러나 D는 사업자등록을 하지 않기로 결정한다. 본격적으로 사업자가 된다면 목회자로서 정체성이 훼손될 것이라고 판단했기 때문이다.

[사례 III-2-14] 사업자등록하지 않기

연구자: 사업자등록을 내실 생각은 없으신가요?

D: 저도 그런 생각을 했죠. 경력을 쌓고 사업자가 되어서 일당직에서는 벗어나 보자 했는데, 제가 그 꿈을 접었어요. 사업자등록해서 일하는 목사님 이야기를 들은 적 있어요. 결국 너무 이거에…, 나부낀다 그럴까? 속된 말을 쓰자면. 정신을 못 차린다는 거예요. 저 같은 경우는 '아, 일이 없고 그러니까 힘들다. 박탈감이 느껴진다.' 하고 혼자 고민하지만, 그분은 전전긍긍할 수밖에 없는 거예요. 돈 때문에 머릿속이 바쁘게 움직이고 이런 것들을 제가 건너 들으면서…. '아, 내가 이걸 하면 안 되겠구나.' 그분은요. 주말에도 나가서 일을 한대요. (D 목사, 40대, 일용직 건설노동자)

이처럼 이중직 목회자들의 부업 실천은 두 직업 사이의 균형잡기가 요구되는 행위다. 목회자는 본업인 목회자로서의 정체성을 해치지 않는 선에서 부업을 하는데, 부업을 통해 벌어들여야 하는 최소한의 수입 창출 행위와 목회자로서의 정체성의 확보가 공존 가능한 방식으로 일을 하는 것이 중요하다. 생존을 위한 부업 행위가 개인이 나름대로 규정한 목회자로서의 소명 실천을 불가능하게 하는 경우, 즉 목회자 개인이 설정한 '선'을 넘는 경우에 목회자들은 좌절감과 죄책감을 느낀다.

그렇기에 '사업(학원)을 확장하지 않기', '주말에 일을 하지 않기', '사업자등록하지 않고 일용직만 하기'에서 본 것처럼, 생존과 소명 사이에서 비틀거리는 목회자들의 부업 행위에는 균형 잡기를 위한 계산, 그리고 그 계산에 따른 '일-하기'와 '일-제한하기'의 실천이 존재한다.

3. 노동 현장(2): 목회적 노동

목회자들은 일을 하며 정체성의 혼란을 겪고, 끊임없이 균형을 잡기 위해 노력하는 동시에 노동을 새로운 방식으로 의미화하길 시도한다. U는 청소업체를 운영하면서 교회를 꾸려나가고 있다. 그에게 목회와 청소는 별개로 구분되는 일이다. 그런데 어느 순간 그는 이러다가 '일만 하는 목회자'가 되는 것 같다는 느낌을 받게 되었고, 청소 일에 의미 부여를 할 수 있는 방법을 모색하기 시작한다. 그렇게 해서 U는 한 달에 한 번씩 교회 성도들과 함께 보육원 청소를 시작한다.

> **[사례 Ⅲ-2-15] "일만 하는 목회자가 되는 거 같아가지고"**
> 예전 교회에서는 장기입원환자들 위로하고 함께 예배드리는 걸로 의미 부여를 많이 했었어요. 청소 일하고 나서 보육원 만나면서부터는 노인들 집 청소해 주고, 이런 게 좀 좋더라고요. 봉사는 돈을 안 받으니까 불편(컴플레인)이 없을 거고. 그래서 한 달에 한 번씩 저희 교회 성도들 데리고 가서 한

가정씩 한 가정씩 청소해 줘요. 서로 돈 안 들고, 서로 아쉽지 않고. 이렇게 라도 하지 않으면 그냥 **너무 일만 하는 목회자가 되는 거 같아가지고.** (U 목사, 40대, 청소업체 협동조합장)

'일만 해서는 안 된다'는 감각은 일을 통해서 다른 무언가를 추구해야 한다는 일종의 직업윤리이며, 이 무언가의 핵심은 '이타성'이다. 학습지 강사를 하면서 목회를 하는 J는 이것이 일반 기독교인들에게도 똑같이 해당되는 직업윤리라고 말한다. 그는 벨소리를 찬송으로 하는 것, 따로 모여 예배를 하는 것 등의 행위는 '이타적으로 노동하는 것'과 다르다고 말한다. 기독교인들, 일하면서 목회하는 목회자들에게 가장 중요한 덕목은 후자다.

[사례 III-2-16] "중요한 건, 이기적이냐 이타적이냐"

직장에서 따로 모여서 예배를 하고, 핸드폰에서 찬송이 나오고, 그런 건 다 할 수 있죠. 그거보다 중요한 건, 이기적이냐 이타적이냐 하는 문제죠. 직장은 이익 집단이다 보니 다 자기만 위해 사는 거예요. 거기서 다른 사람이 어려울 때, 위기에 처했을 때, 도움이 필요할 때, 내 시간을 들여서 다른 사람을 도와줄 수 있느냐. 이게 저는 근본적인 차이인 거 같아요. 자기 시간을 남한테 준다는 건 그만큼 내가 손해 보는 건데, 그렇게 사는 사람이 잘 발견이 안 돼요. 근데 비기독교인들이 직장에서 기독교인들에게 호감을 갖거나 '뭔가 다르다'라고 느끼는 건, 정말 그 사람이 손해 보면서 시간이나 물질이나 손해보면서 자기한테 도움을 줄 때 그걸 느낄 거 같거든요. (J 목사, 40대, 방문학습지 교사)

이중직 목회자들이 재구성한 노동의 의미는 이익 창출과 자아실현을 넘어서 이타성을 지니는 것이다. 여기서 노동과 임금은 그 자체로 목적이기도 하지만, 동시에 이타성 발현을 위한 수단이다. C는 목수가 되기 위해 먼저 공사장에서 말단 인부로 일을 시작했다. 그는 목사인 만큼 공사 현장에서 사람들에게 잘 해주려고 했지만 그럴수록 사람들이 자기를 쉽게 보고 우습게 생각한다는 것을 알았다. 이 때문에 점점 스트레스가 심해지던 중, C는 자신이 일을 하는 동기에 대해서 성찰한다.

> **[사례 III-2-17] "돈을 버는 게 목적은 아니구나."**
>
> '아이씨, 그만둬?' 이런 생각도 들다가. 그때 동기의 전환이 와요. '내가 이걸 왜 하지? 목수 일을 해서 돈을 벌고 생활을 하지만, 돈을 버는 게 목적은 아니구나.' 의사가 사람을 고쳐서 돈을 벌지만 돈 버는 게 목적이 되면 안 되잖아요. 그런 것처럼 내가 이걸 하지만, '나의 목적은 뭘까?'라고 생각을 했던 거죠. 저는 돈 버는 게 되게 중요해요. 돈 좋아하고. 많이 벌어야 되지만. (C 목사, 40대, 목수)

미술 학원을 운영 중인 K 역시 학원을 시작하던 시점에 동일한 성찰을 경험한 바 있다. 그는 '믿는 사람의 학원은 조금 달라야 한다'고 믿는다. 믿는 사람의 학원이 갖는 차이는 돈보다 교육을 더 중요하게 생각하는 태도다.

> **[사례 III-2-18] "믿는 사람의 학원은 조금 달라야 한다."**
>
> 학원을 하기 전에 제가 기도한 부분이 있지 않겠습니까? 하나님 저한테 주시는 마음이 '야, 돈 벌려고 하지 말아라. 돈 벌려고 하지 말고 아이들 정말 사랑하고 제대로 가르쳐라'라는 마음을 받고, 응답을 받았어요. 그게 은혜가 되고, 좋았고요. 그런 걸 녹여서 성도들과 나눌 때, 사명에 대해서도 좀 더 구체적으로 다가갈 수 있지 않았나 싶어요. 믿는 사람의 학원은 조금 달라야 한다. 이런 식으로. (K 목사, 40대, 학원 원장)

C는 목회자로서 직업윤리에 맞게, 그러나 이윤창출이라는 목적을 배반하지 않는 한에서 노동의 의미를 재구성한다. 그리고 사람들의 반응에 상관없이 자신이 재구성한 노동을 실천하기로 결심한다. 그는 부단히 이타적인 노동을 실천할 수 있는 방법을 모색했고, 현장에서 자신의 직급이 변할 때마다 그 직급에 맞는 이타적인 노동을 실천한다.

> **[사례 III-2-19] 말단일 때: 커피 타기, 청소하기**
>
> 사람들은 하루에 4번을 커피를 마셔야 일이 끝나요. 사람들이 그때는 공식적으로 쉬는 시간인 거예요. 그때 제가 커피를 먼저 다 타요. 물을 끓이고 타고 갖다주고. 또 사람들이 담배를 너무 피우고 싶은 거예요. 이걸 필 땐 눈치를 안 보고 공식적으로 쉴 수 있거든요. 그런데 저는 비흡연자니까, 그때 일 안 하고 쉬고 있으면 되게 눈치가 보이거든요. 그때 현장에 널브러져 있는 거 치우고, 물건 갖다 놓고. 그런 걸 했던 거죠. 그때는 제가 할 수 있는 일들이 그런 거밖에 없었죠. (C 목사, 40대, 목수)

> **[사례 III-2-20] "C 씨는 천사네요."**
> 다른 분이 같이 일하러 가면서, "아 C 씨는 천사네요." 이런 이야기들을 하고 가시는 거예요. 그니까 현장이라는 게 아무래도 이제 노동 현장이다 보니까 일이 거칠고, 그러다 보니까 말도 거칠게 하고 이런 게 있는데, 남들이 하기 싫어하는 일을 하고 그러니까. 그런 이야기들을 듣는 거죠. 그럴 때 보면 너무 좋아요. (C 목사, 40대, 목수)

말단에서 '준공'으로 올라간 C는 목수들의 임금체계 속에 있는 부조리를 발견한다. 목수의 일당이 약 25만 원이라면, 목수가 되기 전 중간 단계인 준공의 일당은 그보다 약 7~8만 원이 적다. 작업반장은 일꾼들과 현장을 연결시키고 작업을 진행하는 역할을 하며 일당을 책정한다. 그런데 여기서, 작업반장이 준공들을 일당 25만 원짜리 목수로 올려놓고는 17만 원만 지급하고 나머지를 가져가는 일들이 일어난다.

시간이 흘러 작업반장이 된 C는 일을 배우고 싶지만 현장이 없어서 일을 배우지 못하는 사람들이 많다는 것을 알게 된다. 이들은 당장 뭐라도 일은 해야 하는데, 기술이 없고 몸이 느리기 때문에 일을 잘 구하지 못하고 일을 구한다 해도 쉽게 임금 부당 착취의 대상이 되는 것이다. C는 이런 사람들에게 임금을 정직하게 주고, 현장을 만들어주는 일을 시작한다.

> **[사례 III-2-21] 작업반장일 때: 임금 정직하게 주기, 현장 만들어주기**
> 제 밑에 작업자 중 한 명이 프랜차이즈 대표를 하던 친구였어요. 햄버거 가게를 원래 이태원에서 했었어요. 매장이 11개. 근데 그게 망해버린 거예요.

> 하루아침에 호칭이 "대표님"에서 "어이~"가 된 거죠. 일을 뭐라도 해야 하는데 기술은 없는 거예요. 할 수 있는 일이 없어요. 그니까 사람들이 안 불러요. 어떻게 제가 이 친구의 이야기를 듣게 됐죠. 듣고 나니까, 제가 할 수 있는 일이 그거밖에 없는 거예요. 현장 만들어주기. 좀 더디고 느려요. 몸이 되게 느려요 답답하고. 근데도 부르는 거죠. 불러가지고, 일당을 20만 원 책정하면 20만 원 주는 거고. 15만 원 책정하면 15만 원 주는 거고. 제가 마음만 먹으면 장난을 많이 할 수 있어요. 근데 정직하게 하는 거죠. 그리고 그 사람들에게 돌아갈 몫을 주는 거, 챙겨주는 거. 이런 것들을 하려고 하는 거예요. (C 목사, 40대, 목수)

이중직 목회자들은 노동 실천의 의미를 재구성하는데, 여기서 핵심은 그들의 기독교 신앙을 기반으로 한 이타성이며 이는 그들의 주요 정체성인 목회자의 직업윤리를 강하게 투영하는 것이라고 볼 수 있다. 이렇게 재구성되고 새롭게 의미 부여된 이타적인 노동, 즉 목회적 노동은 성과 속 양자의 영역을 반영하고 있다는 점에서 한국 사회에서 전통적으로 규정되어 온 '목회' 뿐만 아니라 '노동'과도 구별된다.

5장
목회란 무엇인가, 경계에서 다시 묻다

일하는 목회자라면 모두 목회적 노동을 실천하기 위해 분투하지만, 노동을 둘러싼 이들의 사고방식과 정체성이 모두 동일한 것은 아니다. 그렇다면 실제 현장에서 '일'을 둘러싼 목회자들의 생각은 어떤 식으로 분화, 변화, 재구성을 겪고 있을까? 이 지점에서 일하는 목회자들의 사고방식과 정체성의 존재 양상을 크게 두 가지로 살펴보고, 일(세속적 일)과 목회(하나님의 일) 사이의 관계를 살펴볼 것이다.

또한 본 장에서는 종전의 논의들을 기반으로 오늘날 한국교회에 문제시되는 '일하는 목회자 정체성'이란 무엇인지 종합적으로 답해볼 것이다. 그 답을 내리는 것은 곧 목회자들이 파열된 자기 자신을 봉합하길 시도하고, 그 과정에서 스스로를 새롭게 정체화하는 과정이 어떻게 이루어지는지에 대한 탐구를 요청한다. 이 탐구는 진정한 무언가가 되고자 하는 욕망과 좌절, 그리고 극복의 서사로 이루어진다는 점에서 '진정성' 담론과 밀접하게 연결된다.

일하는 목회자들의 현장에서 재구성되는 '목회자 진정성'이란 어떤 것인가? 진정성 재확립에도 불구하고 여전히 잔존, 심화되는 괴리감과 삶의 고통, 충분히 봉합되지 못한 자기 정체성은 일하는 목회의 현장에서 어떤 정동적 효과를 만들어내는가? 이런 질문에 답함으로써 '오늘날 한국교회의 일하는 목회자란 누구인가?'라는 질문에 최종적인 결론을 제시할 것이다.

1. 일과 목회, 어디에 선을 그을 것인가?

이중직은 그 자체로 또 하나의 목회자 정체성이다. 개신교 교세 감소와 구조적 파열로 인한 일하는 목회자의 급증은 목회자 정체성을 '일반 목회자'와 '일하는 목회자'로 분화하게 만들었다. 여기서 일하는 목회자 정체성은 또다시 두 가지로 분화하는 양상을 띤다. 하나는 성과 속의 이분법을 강화하는 방식의 일하는 목회자 정체성이며, 다른 하나는 반대로 성과 속의 이분법을 해체하는 방식의 일하는 목회자 정체성이다. 일하는 목회자의 삶에서 구직하기와 일하기의 영역만큼이나, 아니 어쩌면 그보다 더 중요한 것이 '일하면서 목회하기'의 영역이다. 그리고 이 일하면서 목회하기의 영역은 성과 속이 교차한다는 점에서 두 가지의 독특한 삶의 방식 및 직업 이해, 그리고 정동을 자아낸다.

1) 성/속 이분법을 강화하는 목회자들

성/속 이분법을 강화하는 정체성의 경우, 목회자로서의 자신과 부업하는 자신을 분리시킨다. 주중에 일하는 것은 철저히 주말을 위한 것이며, 주말에 하는 일보다 열등한 가치를 지닌다. 이런 식으로 목회의 영역과 일의 영역을 완전히 분리시킨 목회자들에게 가장 중요한 목표 중 하나는 일을 그만두고 전업 목회자가 되는 것이다. 이들의 경우 일과 목회를 병행하는 것은 생존을 위해서 어쩔 수 없이 선택한 것이기에 목회만으로 경제적 자립이 가능한 시점이 온다면 언제든지 일을 그만두고 목회에만 전념할 준비가 되어 있다.

N은 자신이 살고 있는 아파트에서 경비, 청소, 관리 일을 하면서 목회를 하고 있다. 처음에는 주민들이 젊은 사람이 80만 원 받으며 경비를 한다는 것을 의아해했다. 그런데 N은 점차 "목사님이라서 아파트가 젊어지고 깨끗해지는 거 같다.", "목사님 때문에 우리가 이득을 본다."와 같은 말을 듣게 되었다. 나름대로 이중직 목회자로서 좋은 평판을 듣게 된 것이다. N은 경비 일을 하면서 만나는 주민들을 전도하여 교회의 교인이 늘기도 했다. 이제 주민들은 N이 떠나지 않기를 바라지만 정작 그의 꿈은 때가 되어 하루빨리 일을 그만두는 것이다.

> **[사례 III-3-1] "목회만 하고 싶어요."**
>
> 제가 분명 '일하는 목사'라는 타이틀을 가지고 있는 건 부인할 수 없는데요. 3년이든, 5년이든 때만 되면 목회만 하고 싶어요. 상당수가 이런 마음이 있지 않을까 싶거든요. 저도 똑같습니다. 교회에서 책도 보고 기도하고 설교 준비하고, 교회에서만 할 수 있는 사역들 하고 싶죠. (N 목사, 40대, 아파트 경비)

N의 이런 바람은 자신만 일을 그만두는 것에서 멈추지 않는다. N은 비슷한 상황에서 목회하는 거의 모든 후배 목사들 역시 일하지 않고 목회에만 전념할 수 있게 되길 소망한다. 이를 위해 N은 자기 교회 성도들을 떼어줄 준비까지도 되어 있다.

> **[사례 III-3-2] "후배는 일하는 목사 안 만들고 싶어요."**
>
> 쌩개척 해보니 알겠어요. 교인 20명만 떼어주잖아요? 그럼 그 교회는 독립은 아니어도, 숨 쉬고 살아요. 할 수 있어요. 제가 개척하면서 성도 20명에 1억만 있었다면 또 다른 칼라의 교회를 가질 수 있었거든요. 상황이 된다면 그런 개척을 해주고 싶어요. 후배는 일하는 목사 안 만들고 싶어요. 가능하면. (N 목사, 40대, 아파트 경비)

AA는 컨테이너 제조 및 판매 공장에서 용접, 내장, 현장 출장, 자재 관련 일을 6년째 하고 있다. 그는 교회에서 현재 약 20명의 교인들과 함께 목회를 하고 있지만, 4~5년 후부터 '진짜 목회'가 시작될 것이라고 생각한다. '진짜 목회'를 하기 위한 계획을 구상 중인데, 이 계획이란 아이들 대학 보낸 후 일을 그만두고 그간 모은 돈으로 무인 스터디 카페를 차리는 것이다. 무인 스터디 카페에서 나오는 수익으로 생활을 하고 목회자 자신은 목회에만 전념하는 것. 이것이 그가 생각하는 자신의 '진짜 목회'다. 이런 면에서 AA는 N과 더불어 일과 목회의 영역을 분리해서 생각하는 목회자의 전형이다.

이렇게 목회와 일의 영역, 그러니까 성과 속의 영역을 분리하는 방식으로 이중직을 실천하는 목회자들은 주중에 일하는 자신의 정체성을 임시적인 것으로 여길뿐만 아니라, 부정적인 것으로 생각하기도 한다. 그렇기에 이들은 주중에 일하는 것을 목회의 일환이라고 여기면서 일과 목회의 경계를 없애는 목회자들을 향해 '타협한다'고 말하며 비판한다. D와 U를 통해 이런 생각을 발견할 수 있다.

> **[사례 III-3-3] 목회냐? 일이냐?**
>
> 목회 쪽보다 일에 비중을 두시는 분들이 많이 계세요. 저는 목회도 잘 안 되긴 해도 나름대로 열심히 해요. 일과 목회의 중간에서 저처럼 갈등하고 왔다 갔다 하고 하는 분들은, 어떻게든 어떤 쪽으로든 답을 내야 하는데 답이 안 나는 거죠. 목회만 하자니 생활이 어려워지고, 일을 하자니 부르심을 받았고. 다들 웬만하면 어느 쪽으로든 결론을 내더라고요. 제가 아는 분들 중에는 일 쪽으로 많이 가더라고요. 또 어떤 아는 분은 부교역자로 있다가 개척을 하셨어요. 그리고 평일에 일을 하셨는데, 이분도 그냥 가정에서 예배드리는 걸로 하고 카페를 차려버려서 그쪽에 무게감을 두고…. 그렇게 하더라고요. (D 목사, 40대, 일용직 건설노동자)

D의 말속에서 볼 수 있듯이 일하는 목회란, 목회만 하려니 생계에 심각한 문제가 생겨서 어쩔 수 없이 하는 선택일 뿐이다. 그는 일 역시 목회의 연장이라고 말하면서 기존 목회의 형태 및 영역을 축소시키거나 변형시키는 목회자의 전형을 비판한다. D에게 있어서 그것은 목회를 '그만둔 것'이자 '타협한 것'일뿐이다.

[사례 III-3-4] 목회를 그만두고 완전히 간 사람들
지위가 올라가고 컨트롤하는 입장이 되면 수입이 갑자기 엄청나게 많아지고, 살기가 좋아지다 보니까 목회를 그만두고 그쪽으로 완전히 가요. 근데 제가 마음에 안 드는 건, 자기가 스스로를 계속 합리화하더라고요. '이것도 목회야. 이것도 신앙이야.' 틀린 말은 아니지만 제가 봤을 때, '너 돈 잘 벌어 가지고 그쪽으로 간 거 아니야?' 이건데. 이건 사실 좀 민감한 이야기지만, 아시니까 이야기하는 거예요. 그분들은 끊임없이 '나는 일하면서 목회한다.'라고 하죠. 근데 먹고살 만해지니까 그쪽으로 간 거지, 자기가 목회의 연장이라서 그렇게 간 건 아니거든요. (D 목사, 40대, 일용직 건설노동자)

이런 생각은 성도(일반 교인)와 목회자의 역할을 명확하게 나누는 데서 기인한다. 목회자는 목회를 해야 하고, 성도는 성도로 존재해야 한다는 것이다. U는 일과 삶이 곧 목회이고 일하는 현장이 목회의 현장이라는 생각에 강하게 반대한다. 그에 의하면 그런 식으로 일과 목회의 경계를 허물게 된다면 굳이 목회자가 존재할 이유가 없다.

[사례 III-3-5] "목회자 타이틀을 버리시라."
'자기 삶이 목회고 일하는 현장이 목회지, 목회를 꼭 따로 해야 하냐'라고 하는 분들이 간혹 있어요. 그러면 저는 그렇게 이야기를 하죠. '목회자 타이틀을 버리시라'. 교회가 교회되는 교회를 만들려고 목회를 하는 거고, 목회자가 필요한 거고, 그 타이틀을 지키려고 하면 목회를 지켜야 한다고 이야기를 했어요. 목회자라고 하면 그게 맞아요. 목회가 목적이 돼야 해요. 그게 아니라면 성도들하고 다를 게 없어요. 제가 성도들을 비난하는 게 아니

> 잖아요(…)
> 저랑 집사님이랑 똑같은 건물에서 땀 흘리면서 일해요. 솔직히 자존심 상할 수도 있어요. 그래서 말도 조심해야 되고. 이 직장에서 나랑 똑같이 바닥을 닦고 있고 똑같이 청소하는 사람이 주일날 한 사람은 설교하고 한 사람은 듣고 있어요. 그럼에도 불구하고 이분이 나를 목사님이라고 불러주는 이유는, 주일날에 나는 설교를 하고 있고 이분은 이곳에서 은혜를 받고 있고 기도하고 있고 공감하고 있으니까 **목사고 성도고 이런 차이가 있는 거잖아요. 역할이 있는 거지. 그니까 일을 하면서 목회자의 역할을 감당하는 사람이 '일하는 목회자'인거지. 그냥 '일하는 사람' 아니잖아요.** 저는 그렇게 생각이 들어요. (U 목사, 40대, 청소업체 협동조합장)

U는 이런 생각의 연장선상에 정체성 이슈가 있다는 사실을 지적한다. 그가 생각하는 일하는 목회자 정체성의 '일하는'에는 괄호가 붙어 있다. 목회자에게는 목회자만이 유일한 정체성이어야 하며, 일하는 사람으로서의 정체성 혹은 '일하는 목회자'라는 정체성은 임시적으로만 존재할 뿐이다.

[사례 III-3-7] '(일하는) 목회자' 정체성

> 목적이 정체성이고요. 나머지는 과정이고, 형편입니다. 돈 버는 건 형편인거지, 그게 제 정체성은 아니라고 정확하게 알고 넘어가는 겁니다. 아르바이트 하면서 대학 가는 거랑 똑같아요. 누구는 일하면서 공부해야 하는 사람이 있는 거고, 누구는 휴학계를 내면서 일해야 하는 사람이 있는 거고. (U 목사, 40대, 청소업체 협동조합장)

2) 성/속 이분법을 해체하는 목회자들

이와는 반대로 일과 목회의 경계를 허무는 방식으로 목회자 정체성이 분화되기도 한다. 이들은 일터에서 목회자로서의 정체성을 유지하고, 궁극적으로는 일을 통해서도 목회를 실현해 내야 한다고 생각한다. 그래서 일터에서든 교회에서든 맺는 모든 사회적 관계들을 목회의 영역으로 끌어들이고 의미를 부여한다. 이들에게는 주중에 일하는 것도 주말에 목회하는 것 못지않게 중요한 소명이다. 여기서 본업과 부업의 경계는 서로 스며드는 방식으로 사라진다.

이런 방식의 목회자 정체성을 뒷받침하는 신학적인 근거는 개신교의 만인사제설이다. 문자 그대로 교회 내 모든 이들은 목회자든, 성도든 상관없이 동일하다. 따라서 C는 목회를 일종의 재능기부라고 생각한다. 교회에는 다양한 봉사자들이 있는데, 목회자도 그중의 하나일 뿐이라는 것이다. 그렇기에 목회와 일을 역할 상 구분할 수는 있어도, 그 이상으로 구별해서는 안 된다.

> **[사례 III-3-8] 목회는 재능기부다**
>
> 되게 웃겨요. 목회자라는 게. 저는 일과 목회를 구분하는 거 자체가 되게 웃기다고 생각해요. 저는 목회라는 건 재능기부라고 생각하거든요. 교회 안에서도 많은 역할들이 있잖아요. 근데 그중에서 저는 목회가 좋고 또 잘하니까 그 재능을 기부하고, 어떤 분들은 음식을 잘하니까 그걸 기부하는 거죠. 근데 자꾸 이건 거룩한 일이고, 저건 아니고를 구분하는 거 자체가 되게 웃기다는 생각이 들어요. (C 목사, 40대, 목수)

그런데 문제는 이렇게 생각하는 목회자들이라고 할지라도 일하는 행위와 목회하는 행위 자체는 명확하게 구분이 된다는 것이다. 그렇기에 성과 속의 경계를 두지 않는 목회자들의 경우 현장에서 실제로 일을 하다가도 어디까지가 목회이고 어디까지가 일인지 판단하는 데 있어서 혼란을 겪는다.

> **[사례 III-3-9] 어디까지가 목회고, 어디까지가 일인가**
> 제 개인적으로는 지금 좀 애매하다고 해야 하나요? 애매해요. 사실은 어디까지가 사역이고, 어디까지가 목회고, 어디까지가 일이고, 그 경계선이 계속 왔다 갔다 하는데 그건 저만 겪는 게 아니라, 나름대로 건강하게 일과 사역을 열심히 하는 사람은 다 겪는 거 같아요.(…) 넘지 말라고 하는 목회자로서의 선이 없는 거 같아요. 그런 부분에서 내추럴해지는 거 같아요. (K 목사, 40대, 학원 원장)

V는 카페를 운영하면서 목회를 하고 있다. 수차례 업종을 바꾸어 가며 10년 이상 이중직 목회를 해 온 그는 일과 목회의 구분이 없어지는 것이 아니라 "서로 스며드는 것"이라고 말한다. 그에 의하면 목회자는 이중직을 통해서 빨간 벽돌 건물과 네온 십자가가 없이도 사람들의 삶 속에 스며들 수 있고, 또 스며들어야 한다.

> **[사례 III-3-10] 스며드는 경계**
> 몰라, 누구는 그러면 구분이 없어진다고 생각하는데…. 저는 스며들어야 된다고 생각해요. 일상 속에, 지역 속에 스며들어야 돼요. 그 빨간 벽돌, 네온

> 십자가 그거 없어도 사람들의 삶 속에 파고들고 스며들어서…. 그게 한 알의 밀알 아니에요? 예배드리는 공간이 따로 필요하다는 건 느껴요. 2012년 이후로는 예배당이라는 장소가 없이 지냈는데. 어떤 때는 식당에서 예배드리고, 어떤 때는 가정집에서 예배드리고, 이렇게 해봤는데 주변에 민원이 들어와. 그런 게 쪼금 어렵더라고. '아. 그래도 마음껏 기도하고 찬양하고 할 수 있는 독립적인 공간이 필요하다'라는 생각은 하는데. (V 목사, 50대, 카페 주인)

V는 본업과 부업의 구분이 없으며, 이런 관점이 정립되기 위해서는 구원론, 목회론, 교회론의 신학적인 확장이 일어나야 한다고 말한다. 죽어서 천국 가는 구원과 이 땅에서 얻는 구원, 교회와 세상, 목회와 일을 엄격하게 구분하여 한 쪽만을 강조하는 신학은 모두 일맥상통하는 면이 있다는 것이다. 그는 성서가 말하는 구원이란 죽어서 가는 초월적인 천국만 존재하는 것이 아니라고 말한다. 그에 의하면 성서의 구원이란 총체적인 것으로서 현세에서 살아가는 삶의 구원까지를 포괄하는 개념이다.

V는 좁은 의미의 목회관과 구원관, 교회관을 가진 이중직 목회자들은 '외도하는 느낌' 속에서 목회를 할 수밖에 없다고 말한다. 이들이 경제적으로 사정이 나아져서 목회에 전념하게 된다면 아무런 문제가 없겠지만, 그렇지 못한 대부분의 이중직 목회자는 외도하는 느낌 속에 이중직 목회를 하면서 결국에는 좌절감과 자괴감에 빠질 수밖에 없다는 것이다.

실제로 그는 나이 들어서 적은 돈 받고 몸 써가면서 일한다는 것에 대해 큰 좌절감을 느끼지 않는다. 오히려 가족과 생계를 위해 노동을 한다는 것 자체가 목회 만큼이나 거룩한 일이라고 생각한다.

> **[사례 III-3-12] "본업 부업 그런 거 자체가 없는 거죠."**
>
> 자꾸 그것만 목회라고 생각하니까, 어느 정도 경제 수준이 되면 다시 목회만 하는 걸로 돌아가겠다고 생각하는 거야. '지금은 어쩔 수 없어서 일을 하지만 나중엔 돌아가겠다'라고 생각하는 사람들은 지금 일하는 거에 대해서 '잠깐 외도하는 거 같다'라고 스스로 생각할 수 있거든요? 내가 봤을 때는 십중팔구 그렇게 생각할 거거든요. 반면에 나는 그거야. 생계를 위해서 일을 하는 건 얼마나 거룩한 거야? 모든 직업이 거룩한 성직이라고 그렇게 신학적으로 떠들면서, 정작 우리 자신은 가족과 생계 위해서 일하는 건 부정적으로 생각하는 거 아닌가 하는 생각이 들어. '이건 부업이고 저건 본업이다.' 이런 생각인 거지. 내 관점에서는 본업 부업 그런 거 자체가 아예 없는 거죠. (V 목사, 50대, 카페 주인)

이중직 목회자들이 선택하는 직업의 종류들은 다양하다. 목회자가 선택하기에 목회자의 직업윤리를 더 많이 반영하는 더 바람직한 직종이 있는 반면 그렇지 않은 직종들도 있다. 그러나 성과 속의 경계를 허무는 방식으로 자신의 직업 실천을 규정하는 목회자들에게 목회자란 그 어떤 직종이라도 목회자의 사역으로 변화시킬 수 있는 존재다. 어떤 일을 하던 그 일을 실천하는 주체인 목회자에 의해서 목회의 영역으로 스며들 것이기 때문이다.

이처럼 일하는 목회자로 사는 삶은 구직, 노동, 일-목회의 과정을 거치는데, 그 과정에서 형성된 일하는 목회자 정체성이란 서로 대립하는 두 정체성으로 분화하는 양상을 보인다. 목회자 정체성이 이 두 부류로 분화하게끔 만드는 기제는 개인 및 교단의 신학적 견해, 부업의 성격 및 근무 기간, 목회자 개인이 처한 삶의 사회경제적 상황 등으로 매우 다양하다.

일하는 목회자들의 삶은 일이라는 사회적 실천을 매개로 성/속을 왕래한다. 그 가운데 전개되는 정체성의 분화의 양상은 일(work)과 노동(labour), 그리고 소명(vocation)에 대한 이해가 목회자들 속에서 어떻게 인식되고 있는지를 직간접적으로 보여준다.

성과 속의 경계를 강화하는 목회자 정체성의 경우에는 소명의 영역이 목회의 영역으로 제한되며, 소명은 노동과는 대립하는 고정적이고 불변하는 실체로 인식된다. 그렇기에 소명이 자리하는 성스러운 영역은 세속과 명확하게 구별될 뿐만 아니라 그 영역 밖에 존재하는 일이란 부정적 의미의 노동과 동일시되는 경향을 띤다.

그런데 이와 같은 언어 환경에서 '일'과 '노동'과 '소명'의 개념 구도가 다소 복잡한 다층 구조로, 그리고 상호 포함관계로 이루어져 있다는 사실을 주목할 필요가 있다. 이 목회자들에게 노동과 소명의 개념은 대립하는 것으로 이해되지만 사실 양자 모두가 '일'이라는 개념 안에 포함될 수 있는데, 생계를 위한 일이 세속적 '일'인 것과 같은 이치로 목회 역시 하나님의 '일'이기 때문이다.

일이란 단순히 임금을 위한 생산 행위뿐만 아니라 훨씬 더 넓은 인간의 사회적 실천을 포괄한다는 인류학자 애플바움과 감스트의 지적을 생각할 때에 하나님의 일인 목회 역시 넓은 의미에서 '일' 개념으로 포착할 수 있다.[38] 이에 따르면 성과 속의 경계를 강화하는 목회자들에게는 하나님의 일과 세속적 일의 엄밀한 구분이 존재하고(우열의 관계는 아니다), 목회자의 소명은 전자의 영역에만 존재하는 것이다.

즉, 성/속 경계를 강화하는 목회자들의 삶이란 이 하나님의 일(목회)과 세속적 일(생계), 그리고 이 두 관계가 표상하는 교회와 사회, 경제와 종교가 상호 침투할 수밖에 없는 상황을 어떻게든 극복해야 하는 현실로서 대면하는 삶이다.

이와 반대로 성과 속의 경계를 허무는 목회자 정체성의 경우에는 소명의 영역이 유동적이다. 소명은 일이나 노동을 자유롭게 왕래할 수 있고 또 어떤 것과도 등치 및 호환이 가능하며, 그래야만 하는 것으로 인식되기 때문이다. 이들에게는 상호 침투하는 하나님의 일과 세속적 일, 교회와 사회, 경제와 종교의 관계가 결코 극복해야 하는 대상이 아닐 뿐만 아니라 당연한 것이기도 하다.

양편의 목회자 자신들의 담론에서 제시되듯이 '일'은 어떤 방식으로든 하나님의 일에도 확장되는 개념임이 분명하다. 모든 일하는 목회자들의 삶에서 교회 밖의 일(세속적 일)과 교회 안의 일(하나님의 일)은 상호 침투한다. 전자는 그것을 극복하려 분투하고, 후자는 그것을 동화시키기 위해 분투한다. 다만 그 가운데서 소명의 영역을 어디까지로 한계 짓는가에 따라 목회자들은 한국교회의 포스트-성장이 낳은 정동적 효과를 다르게 경험하고 있다.

---

38 Applebaum, Herbert. 1981. *Royal Blue: The Culture of Construction Workers.* Holt, Rinehartand Winston; Gamst, Fredrick C. 1981. "Considerations for an Anthropology of Work." *Anthropology of Work Newsletter* 2(1):7-9를 보라.

2. 진정한 목회란 무엇일까

오늘날 포스트-성장의 지각변동이 초래한 '이중직 목회자'라는 변칙적이고 균열적인 정체성은 기존 목회자 정체성으로부터 완전히 이탈하기보다 '진정성'[39]을 재구성하는 방식으로 지각변동에 적응/극복하려 시도한다.

진정성을 재구성한다는 것은 특정 존재의 진정한 의미와 내적 본질에 대해 의문을 제기하고 그것을 공적인 지평 안에서 새롭게 정립한다는 것이다. 한국교회의 포스트-성장이라는 환경이 '진정한 목회자가 된다는 것은 무엇을 의미하는가?'라는 질문을 재고하게 하는 공적 공간을 제공했다면, 일하는 목회자 현상은 그 공간을 새로운 방식으로 구축해가는 목회자들의 각축장이다. 결론적으로 일하는 목회자 현상이란 목회자 진정성을 묻는 질문에 새롭게 답변해가는 목회자들의 집단적 삶 그 자체라고 할 수 있다. 그렇다면 일하는 목회라는 현상 안에서 목회자가 된다는 것의 의미는 구체적으로 어떻게 변화하고 있는가?

먼저, 일하는 목회자들은 부정적인 목회자 정체성과는 스스로를

---

[39] 진정성이란 그리스어 ἑαυτὸν(자기 자신)과 θέτω(정립)의 합성어 αὐθεντικός에서 유래했으며, 이는 자기 자신을 자유롭게 규정한다는 의미를 갖는다(Ferrara, 1998:15). '진정성'을 근대화를 특징짓는 주요 개념으로 연결지은 것은 라이오넬 트릴링이다. 트릴링은 외부지향적 신실성(sincerity)과 내부지향적 진정성(authenticity)을 전근대와 근대를 가르는 분석적 개념적으로서 대별한다(Trilling, 1972:5-11). 이에 반해 본 연구에서는 윤평중의 제안을 따라 진정성을 내면적 태도일 뿐만 아니라 그런 태도가 실현될 수 있는 공적인 지평에 대한 관심, 즉 상호주관적 책임 의식을 내포하고 있는 '진정성(眞正性)'으로 규정한다.

차이화하는 방식으로 자신을 '진정한 의미의 목회자'와 동일화시키는 양상을 보인다. 이들이 재구성하는 목회자 진정성의 '반립 명제[40]'의 대상은 누구인가? 바로 기성의 제도와 전통에 봉사해 온 교단 및 그 구성원들과 그들이 고착화시킨 교회 구조. 이들은 재구성된 '목회자 진정성'의 반립 명제의 전형들이다.

교단이 일하는 목회자를 처벌하려는 조항을 만들려 하자 목회자이중직연대를 구성하여 입장 표명을 했던 B는 오늘날 한국교회는 응급실에 실려 왔다고 표현한다. 목회자로서 그가 보기에 이중직이 위법이냐 합법이냐를 가르는 것은 산소 호흡기를 어느 쪽으로 씌우느냐, 어느 베드에 환자를 눕혀야 하는지를 두고 싸우는 것과 같다.

> **[사례 IV-1-1] 응급실에 실려 온 교회**
>
> 응급실에 실려 온 게 교회고, 죽을 날을 받아 놓은 게 교회에요. 그런데 '산소 호흡기를 우측을 써야 하냐, 좌측을 써야 하냐'라는 문제를 갖고 신학적 토론을 하고 있고, '그 안에서도 응급실 베드 자리를 가지고 싸우는 게 교회다'라고 생각을 하기 때문에. (B 목사, 50대, 카페 주인)

그렇다면 이중직 목회자들이 생각하는 한국교회의 병명은 무엇인가? 그것은 구태 의연한 제도권 교회의 관행들, 성장과 건축을 향한 지나친 몰두, 종교라는 이름으로 인간을 도구화하는 작태, 신앙과 삶을

---

40   어떤 특정한 명제에 대립되는 명제를 의미한다. 일하는 목회자들의 담론 안에서 제시되는 목회 진정성의 '반립명제'란 기성교회 내 구태의연하고 부조리한 질서 및 구조를 일컫는다.

분리시키고 교회와 신앙만을 추구하는 교회 지상주의적 태도 등이다.

C는 자신이 일하는 목회자가 될 수밖에 없었던 이유를 묻자 그 시작은 '두려움'이었다고 답한다. C는 과거에 선교 단체에서 훈련을 받던 선교사 지망생이었다. L국으로 매년 선교를 가던 중에 어느 날 현지인들이 한국교회 사람들이 하는 행동과 말들을 그대로 다 따라하는 모습을 목격하게 된다. 그리고 그런 모습을 보며 함께 있던 한국 선교사들은 모두 감격한다.

여기서 C는 다음과 같은 한 가지 의문을 품게 된다. '한국의 제도권 같은 교회를 하나 더 만들게 되면 어떡하지?' 이 질문을 던지고 나자 L국에 한국교회가 그대로 이식되는 것이 두렵게 느껴지기 시작했다. 여기서 C가 재생산되면 안 된다고 느끼는 한국교회의 모습이란 다음과 같다.

> **[사례 IV-1-2] 조직을 위해 사람을 외면하는 교회**
>
> 신자유주의가 '타인의 아픔을 외면해라, 그걸 넘어서 타인의 아픔을 이용해야지 너희들의 행동이 보장돼'라고 이야기하는데, 그게 그대로 적용이 되는 교회의 모습들인 거죠. 제도가 유지되기 위해서 다른 사람들을 외면하는…. 제가 선교 단체에 있다 보니까, 현지에 많이 나가잖아요. 거기에 교회가 세워지면 한국교회랑 정말 비슷한 모습을 많이 보게 돼요. '사모님'이라는 고유명사를 한국말로 써요. 개네들이 우리가 하는 걸 그대로 다 하는 거예요. 그런 걸 보면서 의문이 들었던 거죠. 한국교회가 거기에 그대로 세워지는 거, 그러면서 거기서 우월감을 느끼고, 또 그런 선교사를 이용해 먹는 현지인들을 보게 되고…. 그런 거 많잖아요. 그러면서 좀 겁났어요.

> 사람 자체가 목적이 돼야 하는데, 지금 교회라고 하는 구조는 이 구조와 제도를 유지하기 위해서 개인이 희생당하는 구조라는 걸 처음 느꼈던 거죠. 그게 당연한 거고, 하나님의 나라가 그런 거라고 생각했는데…. 그러고 나서 보니까 '**나도 이 교회의 유지를 위해서 내 삶을 갈아 넣었던 거구나**'라고 처음 느꼈던 거죠. (C 목사, 40대, 목수)

A는 역시 목회자가 되기로 결심했던 당시, 교회의 부정적인 모습들을 너무나 많이 보게 되었고 그 반작용으로 어떻게든 건강한 교회를 해야겠다고 다짐한다. 여기서 그가 본 교회의 부정적 모습이란 야망과 폭력, 카리스마로 가득 찬 모습이었다.

[사례 IV-1-4] '아 이런 쓰레기들도 목회를 하는구나.'

> 교회가 폭력적이었어요. 너무 카리스마적이었죠. 물론 매력은 있지만 그게 사람들을 고통받게 하고, 목회적 야망을 이루기 위해 사람들의 고혈을 빨아들이는 모습이었어요. 제가 그 당시 있던 교회에서 가장 먼저 빠져나왔는데, 이렇게 혼자 도망 나와도 되나 싶을 만큼 주변 사람들한테 미안했어요. 당시 교회가 있던 자리가 그린벨트 보상이 된 거예요. 그래서 교회가 그 보상금을 받았는데, 담임목사가 은퇴할 때 교회에 절반을 달라고 했어요 (…) 제가 그때 '아, 이런 쓰레기들도 목회를 하는구나. 이렇게 말도 안 되는 일도 있구나'라는 걸 느꼈어요. 그럼 나도 내가 잘 준비되고 훌륭해서가 아니라, 상식적이고 건강한 목회를 해보고 싶다는 생각이 점점 구체화가 된 거죠. (A 목사, 40대, 협동조합장)

그런데 A는 자신이 경험한 이 모든 부정적 모습 뒤에는 돈 문제가 있다는 사실을 발견하게 된다. 야망과 폭력, 카리스마에 물든 교회와 목회자의 문제는 결국 돈 문제로 수렴하는 것이었다.

> **[사례 IV-1-5] 돈으로 움직여지는 교회와 목회자**
> 그 교회에서 아쉬운 것들은 이런 거예요. 교회라고 하는 게, 너무 돈으로 움직여지는 게 눈에 보이는 거예요. 돈에서 자유로울 수 없는 목회자의 모습, 교회의 모습…. 돈에 예민하고 돈을 가진 사람들한테 약하고. 목회적 소신이 아니라, 돈을 가진 사람들이 중직이 되고 목소리를 내고 그런 모습들이 아쉬웠죠. 10대 때 다녔던 교회에서는 더 심했어요. 자기 자녀들 유학 보내는 비용이 전체 교육부서 비용보다 컸거든요. 말도 안 되는 내용들이죠.
> (A 목사, 40대, 협동조합장)

제도화된 기존 교회의 모습이 보여주고 있는 이와 같은 부조리를 유발하는 것은 근본적으로 '돈 문제'다. 따라서 A가 생각한 '건강한 교회'의 핵심적인 조건은 이런 돈 문제로부터 자유로운 교회였다. 돈 문제가 교회를 어렵게 하는 것은 제도권의 중대형 교회들뿐만이 아니었다. A는 개척교회가 무너지고 어려움을 겪는 것도 결국에는 돈 문제 때문이라는 사실을 지적한다. 교회가 문을 닫는 이유는 운영비를 감당할 수 없기 때문이다.

문을 닫는 수많은 개척교회들은 대부분 목회자의 생활비는 커녕 교회 월세와 관리비 같은 유지 비용이 없어서 문을 닫는다. 교인이 없어도 공간을 유지할 수 있으면 교회는 지속되는데, 공간을 유지할 수

조차 없는 것이다. 즉, A는 교회는 스스로를 유지할 수 있는 자본이 있을 때에야, 목회자 자신이 진정 믿고 생각하는 바대로 소신있게 목회를 할 수 있다고 생각했다.

> **[사례 IV-1-6] "그 중심에 돈이 있는 거죠."**
>
> 세습부터 해서 목회자들의 권력이 지나치게 커지고, 평신도들도 당회라고 불리는 장로들 조직에 편승해서 권력을 쟁취하려고 하는 모습들이 많았는데, 그 중심에 돈이 있는 거죠. 제가 일하는 목회를 생각한 것은 이런 이유가 컸고…. 소신 있게 목회를 하려면 교회에서 돈을 받아서 하는 목회도 좋지만, 교회에서 주는 돈으로부터 자유로우면 내가 믿고 생각하는 것들을 더 우직하게 할 수 있지 않을까 생각을 한 거죠. 그래서 처음부터 일하는 목회를 생각한 거죠(…) 개척교회가 무너지고 하는 것도 결국에는 돈 때문인 게 많아요. 생활비는 물론이고 교회 월세라든가 관리비를 생각하면, 자기를 유지하는 비용이 없어서 문을 닫는 거거든요. 사람은 없어져도 공간이 있으면 지속할 수 있는데, 그것마저 안 되니까…. 거기서 벗어났으면 좋겠기에 일하는 목회를 생각하게 된 거고요. 지나서 생각해 보면 쉽지는 않았지만 좋은 선택이었던 거 같아요. (A 목사, 40대, 협동조합장)

A는 건강한 교회를 향한 고민으로부터 시작된 이 이야기를 "그러니까 돈으로부터 자유로워야 돼."라는 말과 함께 그 대안은 '일하는 목회'였다고 결론 내린다. 이중직 목회자들에게 있어서 병들고 사망선고를 받은, 응급실에 실려온 교회란 곧 돈으로부터 자유롭지 못한 교회와 같은 셈이다.

응급실에 실려온 제도화된 조직들은 지금까지 일하는 목회자들에게 '이중직 목사'라는 부정적 낙인을 찍은 장본인이다. 이런 낙인은 이중직 목회자들로 하여금 사회적으로는 빈민으로서, 교단적으로는 불법적이고 불온한 존재로서 이중적 낙인을 경험하게 했다.

이런 현실에 직면한 이중직 목회자들이 목회자 진정성을 확보하는 방식은 교회 내에서 통용되던 기존의 '순수'와 '오염'의 상징체계를 반전시키는 것이다. 즉, 부정적 상징이었던 '이중직'을 정상적이고도 긍정적인 것으로, 그리고 정상성과 일반성의 상징이었던 제도화된 목회를 부정적인 것으로 반전시킨다.

이런 전복의 시도와 함께 이중직 목회자들은 부정적, 불법적 의미가 내포된 '이중직 목사'라는 정체성을 버리고 '일하는 목회자'로서 자신을 새롭게 정체화하기를 시도한다. 재호명되는 '일하는 목회자'란 기성 목회자들이 규정하는 바와 같이 불법적이고 신앙심이 부족한 존재들이 아닌, 오히려 기성 목회자들이 결여하고 있는 종교적 진정성과 순수성을 추구하는 '진정한 목회자'라는 함의를 갖게 된다. 페이스북 그룹 '일하는 목회자들'의 소개글에서 '이중직 목회자'는 '일하는 목회자'로 재호명된다.

[사례 IV-1-7] 그룹 '일하는 목회자들' 소개

"일하는 목회자들… '이중직' 목회자로 불리며, 대부분의 교단에서 교회법상 불법으로 분류되는 이들… 사람들은 우리더러 '믿음이 없는 자', '소명이 부족한 자' 심지어 '목회의 열의가 없는 자'라고 말합니다. 대부분의 교회가 목회자들의 생계를 온전히 책임질 수 없는 사회경제구조 아래, 이중직이

> 옳은가 그른가는 둘째 문제입니다. 우리는 그저 스스로를 그리고 가족의 생계를 책임지려할 뿐입니다. 아니 실은 목회를 하기 위해 생존하려는 것뿐입니다."

앞서 선교 현장에 한국교회가 재생산되는 것에 대한 두려움을 품었던 C는 한국에 돌아온 후 진정한 교회에 대한 고민을 시작했다. 그의 사례는 목회자 진정성이 어떻게 '이중직'과 연결되며, 순수와 오염의 영역을 반전시키는지 보여준다. 진정한 목회를 해야겠다는 고민 끝에 C는 교단에서 나온 후, 자신이 생각한 목회를 하기 위해 독립교단에 가입하게 된다. 그리고 진짜 목회와, 진정한 교회를 모색하기 위해 여러 교회를 탐방한다.

그 결과 C가 결론지은 진정한 교회의 첫째 기준은 '안전한 교회'다. 그리고 교회에서 맺어지는 관계가 안전해지기 위해서는 목회자가 교회로부터 경제적으로 독립을 해야 한다. 그리고 그럴 때에야 비로소 진정한 '돌봄'이 이루어질 수 있다.

> **[사례 IV-1-8] 안전한 교회, 목회자 재정 독립, 인격적 돌봄**
> 건강한 작은 교회들 이야기를 많이 하지만, 저는 거기에 하나를 더 추가해요. '안전한 교회'요. 사람이 있는 모습 그대로 봐주는 거죠. 내가 어떤 이야기를 해도 안전함을 느낄 수 있는 그런 것들을 만들자. 근데 제도권에서는 그게 쉽지가 않거든요. 그러기 위해서 교회로부터 목회자가 재정을 독립하자. 그리고 사람이 많아져도 최대 30명을 넘어서는 안 된다. 돌봄이니까. 근데 그게 얼마나 어려운 건지를 알았어요. 교회에 어떤 친구들이 있는데,

> 결혼을 했다가 이혼을 하게 된 거예요. 아이들이 있는데요. 이혼하는 과정에 저희가 계속 만나서 이야기해 주고, 들어주고 했었거든요. 근데 그게 너무 힘든 거예요. 쉬운 일이 아니더라고요. 이렇게 해서 내가 과연 몇 명을 돌볼 수 있을지 생각을 했더니 최대 30명인 거예요. 그거 넘어가는 목회자들은…. 아, 일 년에 봄 심방, 가을 심방하면서 이걸 목회라고 하는 게 과연 맞나. '기업하고 있다'라고 생각해요. 장사하고 있다는 생각이 많이 들더라고요. 그런 기준을 하나하나 그때부터 세워 나갔고. (C 목사, 40대, 목수)

아파트 경비를 하며 목회하는 N에게도 교회에서 가장 중요한 것은 교회 그 자체보다 '성도 한 사람 한 사람'이다. 그 역시 인격성이 보장되는 교회를 꿈꾸는데, 이런 교회를 가능하게 하기 위해 N은 성도들에게 '교회의 거름이 될 생각을 하지 말라'고 한다.

> [사례 IV-1-9] "교회를 세우기 위해 거름 될 생각하지 말라."
> 성도 한 사람 한 사람이 잘 세워지는 게 가장 큰일이고요. 제가 이런 말 했어요. "OOO교회를 세우기 위해 거름 될 생각하지 말라. 여러분들이 잘 성장하는 게 제 꿈이다. 이거는 제 진심입니다. 다 헌신해서 생활 어려워지면서 교회가 크는 거 원하지 않는다." 그런 뭐, 집 팔아서 교회 세우고 그런 간증 원하지 않는다고. (N 목사, 40대, 아파트 경비)

또한 N은 자신이 꿈꾸는 사람 중심의 교회가 가능하기 위한 조건으로서 '교인 수가 100명이 넘지 않는 것'을 꼽는다. 따라서 N은 100명이 넘어갈 때마다 교회를 분리할 계획을 가지고 있다. 그런데 이 계획은 목회자 가정이 일정 수준 이상의 경제적 요건을 포기해야만 하는 계획이다.

> **[사례 Ⅳ-1-10] "여보, 아반떼 이상 차를 원하면 안 돼."**
> 제 마음의 소망이 출석 교인 100명이 넘을 때, 20명 떼어서 후배 목사님 개척해주고 싶어요. '100명은 너무 작지 않냐'라고 물어보시더라고요. '100명이 넘어가면 재미가 없을 거 같다. 내가 그분들의 삶을 잘 모를 거 같다.'고 답했어요. 아내에게도 말했고요. '여보, 내가 분립 개척하고 싶은 마음이 100명 선인데, 그럼 당신과 내가 포기할 게 많다. 아반떼 이상 차를 원하면 안 돼. 30평 이상 아파트를 포기해야 해. 자식 교육을 포기해야 해. 그럼 100명 이하 교회를 할 수 있다.' 100명이면 아반떼를 탈 수 있어요. 300명이면 그랜저를 탈 수 있어요. 그것만 포기하면 우리는 분립 개척할 수 있어요. (N 목사, 40대, 아파트 경비)

C와 N의 사례에서 볼 수 있는 재정의된 '진정한 목회'란 필연적으로 목회자가 이중직을 해야 하는 목회의 형태를 지향한다. 인격적인 관계가 가능한 규모를 유지하면서 목회자가 재정적으로 교회에서 독립하는 것이 중요하기 때문이다. 그러나 그보다 중요한 이유가 있는데, 목회자가 교회에 경제적으로 의존하는 것 자체가 교인들과 인격적 관계를 형성하는 것에 방해가 되기 때문이다. 그렇기에 C가 본격적으로 교회를 시작하려고 했을 때 세운 가장 첫 번째 원칙이 목회자의 경제적 독립이었다.

> **[사례 IV-1-11] "돈 앞에서 사람은 비겁해지잖아요."**
> 교회를, 예배 모임을 준비하면서 세웠던 원칙들이 몇 가지 있는 거죠. 첫째로 '목회자가 교회로부터 재정을 독립하자'였어요. 돈 앞에서 사람은 되게 비겁해지잖아요. 교회에서 사례를 받다 보면 교회가 원하는 대로만 행동을 해야 하는데, 그게 되게 싫었어요. 교회가 돈 때문에 문제가 생기는 것을 보면서, 목회자는 교회로부터 재정을 좀 독립하자…. (C 목사, 40대, 목수)

일하는 목회자들이 재구성하는 목회자 진정성에서 가장 중요한 부분은 '인격성'이며 이 인격성은 곧바로 교회의 생리 안에서 금전적인 부분에 직결된다. B는 C처럼 처음부터 계획을 하고 일하는 목회를 시작한 것은 아니지만, 일하는 목회를 하면서 거꾸로 목회의 본질을 발견했다고 말한다. 그에게 역시 목회의 본질, 목회의 진정성이란 '인격성'에 뿌리박힌 것이며 이는 '자본의 논리'에 영향을 받으면 필연적으로 흔들릴 수밖에 없다.

> **[사례 IV-1-12] 목회자들의 현금지급인출기, 교회?**
> 먹고사는 문제가 해결되면 자본의 논리에 흔들리지 않죠. 자본의 논리에 흔들리지 않는다는 건 뭐냐면, 성도의 눈치를 안 본다는 거거든요…. 교회는 목회자들의 현금지급인출기처럼 되어버렸죠. 십일조할 사람들이 모여서, 그런 사람들로 운영되는 게 한국교회니까…. 나는 그런 한국교회는 희망이 없고, 곧 사망하신다고 생각해요. 사망하시고 나면, 새롭게 부활했을 때 어떤 교회들이 부활하겠느냐? 그건 나는 패러다임을 바꾼다고 생각해요. 예수님이 부활하시고 나서 갈릴리 가서 제자들과 같이 생선과 떡을 나

누시고, 그들의 삶을 정죄하지 않고 함께 살아가셨듯이…. 그니까 나는 우리 일하는 목회자들의 패러다임이 거기 있다고 생각해요. (B 목사, 50대, 카페 주인)

요컨대, 일하는 목회자들이 기존의 특정 목회자 정체성들과 그에 따른 목회 실천의 양상 및 구조들을 반립 명제로 삼아 '진정성'을 추구하고자 하는 시도는 '자기 확인 과정'의 기제이다. 그뿐만 아니라 이렇게 이루어지는 자기 확인의 과정은 일하는 목회자들의 삶 속에서 재현되는 목회 실천의 양상을 기존에 개신교 내에서 통용되는 목회자 정체성의 순수와 오염을 반전시키는 방식으로 제시하면서, 일하는 목회자들이 겪는 정체성의 혼란과 불일치를 효과적으로 해소한다.

그렇기에 일하는 목회자들이 자신의 목회를 설명하는 방식에서 두드러지는 특징은 기존 제도화된 교회와의 '비교 및 대조'다. 재구성된 목회자 진정성의 실천과 그 결과로 나타나는 교회의 모습은 기존의 제도화된 교회의 부정적인 모습들과 대조되는 방식으로 설명되며, 그 내용은 조직화되지 않는 것, 얻어먹지 않는 것, '그런 척'하지 않는 것, 치열하지 않은 것, 목회자의 임금을 늘리지 않는 것, '부'보다 삶에 관심을 갖는 것, 그리고 사람들 위에 군림하지 않는 것 등으로 표현된다.

[사례 IV-1-14] 대조 1. 비조직화된 공동체
이 조직을 위해 개인들이 희생을 요구당하지 않아도 되고, 매주 나오지 않아도 되고, 꼭 그 시간이 아니어도 되고, 그 공간이 아니어도 괜찮고, 그래서 비조직화된 공동체를 꿈꿨어요. 그리고 관계 자체가 목적이 되는 교회

를 만들어보자…. 그러니까 사람이 많아지지 않아도 돼요. 많아지면 오히려 제가 밥을 사야 하기 때문에, 하하. 믿음을 찾아 교회를 떠난 사람들, 교회가 정말 필요한 사람들, 그런 사람들을 위한 공동체를 한번 만들어보자는 생각으로 시작을 했고…. (C 목사, 40대, 목수)

[사례 Ⅳ-1-15] 대조 2. 얻어먹지 않는 목사

목사들이 얻어먹는 거 당연하다 생각하거든요. 맛집은 다 알아요. 맛집 목사들만큼 아는 사람 진짜 없어요. 근데 제가 돈을 벌고 그러면서, 제가 쏘는 걸 되게 좋아해요. 그렇게 할 수 있으니까 되게 좋아요. 맨날 거지처럼 얻어먹다가…. 특히나 선교 단체 출신들이 거지 근성이 있어요. 그걸 많은 미사여구로 이야기를 하지만…. 당연하게 생각을 하는 거죠. 근데 주는 게 훨씬 좋거든요. 살 수 있어서 주면 되게 기분이 좋더라고요. (C 목사, 40대, 목수)

[사례 Ⅳ-1-16] 대조 3. '그런 척!' 하지 않아도 되는 교회

저희 아내도 신학을 했거든요. 아내는 한 시간 기도하고, 한 시간 성경 보는 가정에서 자랐어요. 근데 그 안에 자유함이 없었는데, 아내가 그 이야기를 해주더라고요. "지금까지 교회 다니면서 이렇게 좋았던 적이 없다. 우리 교회가 제일 좋다." 저는 그게 정말 좋아요. 그거면 되는 거 같아요. 우리가 만들어가는 이 교회가 좋다는 거죠. 그런 척! 하지 않아도 되고, 저도 좋아요. 너무 좋아요. 사람 많지 않아도 저는 너무 재미있어요. 일이 없으면 낮에도 사람 편하게 만나고요. 따로 뭐 교회 일이 있어서 만나고 그런 게 아니라, 관계 자체가 목적인 거예요. 뭔가 목적을 가지고 만나면 불순해져, 사람들이. (C 목사, 40대, 목수)

[사례 IV-1-17] 대조 4. 치열하지 않은 교회

일단 가지고 있는 슬로건은 '천천히 가자'입니다. 부교역자 시절에는 너무 치열했어요. 실적이 필요했고, 숫자 싸움이 있었고요. 기성교회는 그런 게 있잖아요. 개척해 보니 그게 큰 의미가 없더라고요. 성도들한테 이야기하는 게, '천천히 가도 된다. 새벽 기도 천천히 해도 된다. 그거 때문에 누구 하나 상처받고 나가는 그런 교회 만들지 말자.' 어떤 개척교회 다니는 안수집사님이 계신데 너무 괴롭대요. 자리 채우느라 너무 힘들다는 거예요. 수요예배 한 번씩 쉬고 싶고 그런데, 허겁지겁 뛰어가서 자리 채우고, 은혜를 막 받는 것도 아니고 그냥 앉아있다는 거죠. '상당수의 개척교회 섬기는 교인분들이 이런 상황일 수 있겠다.', '누가 힘들어 죽겠다는 속도를 내지 말고 심플하게 가자.' 이런 생각이…. (N 목사, 40대, 아파트 경비)

[사례 IV-1-18] 대조 5. 목회자 임금 늘리지 않는 교회

성도가 한 40명 돼도 일은 계속할 거 같아요. 저는 그럴 거 같아요. 사례비 준다는데 왜 일하냐고 물어보겠죠. 교회 헌금이 늘었는데, 그 상당 비율 지출이 목회자 사례인 게 불편해요. 굳이 늘린다면 장소가 좁아서 성도들 힘들어 죽겠으니까, 교회 평수를 늘리고 싶어요. 선교사님 두 명을 후원하고 있는데 그걸 늘리고 싶어요. 저는 아직 젊으니까, 조금 더 일하면서 다른 사역에 쓰면 좋겠어요. 너무 웃기잖아요. 한 달에 헌금이 400만원 나오는데, 200만원이 목회자 사례비면…. 이 양반들 헌금이 목회자 먹여 살리려고 하는 게 아닌데…. 물론 목회자를 섬겨야 한다는 것도 있긴 하지만, 50%를 내 사례로 가져간다는 게, 사실은 아직은 너무 불편해요. (N 목사, 40대, 아파트 경비)

[사례 IV-1-19] 대조 6. '부'가 아니라 삶에 관심 갖는 교회

한국교회는 죽었어요. 이미 죽었어. 죽은 교회고, 더 이상 어떤 생명력도 느껴지지 않고…. 남은 건 뭐냐면 종교 환자들이 내는 그거(헌금) 외에는 없어. 그럼 한국에 새로운 패러다임은 뭐가 되어야겠냐. 나는 감히 우리 교회가 패러다임이다! 그렇게 이야기할 수 있다는 거죠. 그건 뭐, '내가 설교 제일 잘한다' 그런 뜻이 아니라, 사람들이랑 같이 살아가면서 같이 모이고 친구가 되고 일상적인 삶에 관심을 갖고, 그 사람들이 그 삶에서 좀 더 주체가 되도록 하는 교회들이 있다면…. 그러면 그 교회들이 희망이라는 거죠. 그거를 지금 기성교회들이 조금 하고 있긴 하지만, 근데 내가 볼 때는 그 시스템 자체의 문제라고 생각해요. 교회 밖에 있는 사람은 뻔히 알어. '야, 너네는 맨날 예수 믿는다면서 자기네들 부 증축하고 그렇게 하고. 너희들이 예수를 믿는 거 같지가 않어.' (B 목사, 50대, 카페 주인)

[사례 IV-1-20] 대조 7. 군림하지 않는 교회

교회가 다 사람들 위에 군림하는 그런 조직처럼 되어버린 시대에, 저는 교회는 사람들에게 친구가 되어줘야 하고 동반자가 되어줘야 한다고 생각해요. 그래서 철저하게 민주적이고 수평적인 구조 속에서…. 저희는 교회 주방 봉사 같은 것도요, 목사 순서 다 들어가 있고, 설거지도 제가 하고, 성도들 여기서 커피 마시면 제가 설거지하고, 그런 것들이 너와 나의 차별을 두지 않고 우리가 함께 그 순례의 여정을 가는 친구다…. (D 목사, 40대, 일용직 건설노동자)

이렇듯 진정성을 재구성하는 담화들에 의해 목회자 정체성을 가로지르는 순수와 오염의 경계가 반전된다. 그렇다면 오늘날 한국교회에

서 부분적이나마 이런 반전이 하나의 담론으로 성립할 수 있는 이유는 무엇인가? 부족 사회에 대한 연구 자료들을 가지고 '오염'에 대해 연구했던 인류학자 매리 더글라스에 의하면 사회 구조가 권위적 지위들을 명시적으로 인정할 때는 권위나 제도에 그만큼의 안정적인 영적 능력이 부여되지만, 사회 구조가 불안하고 혼란스러울 때는 구조를 혼란하게 한다고 여겨지는 이들에게 불안정한 영적 능력이 부여된다.[41]

즉, 불안하고 혼란스러운 사회구조 속에서는 순수와 오염의 경계, 안정과 불안정의 경계가 흔들린다는 것이다. 이러한 더글라스의 분석 틀에 따르면 (오염된) 이중직 목회자들의 부상은 그들이 직접적으로 속한 사회 구조인 개신교 구조의 혼란과 깊은 관련이 있다. 이는 본 연구의 2장에서 살펴본 한국 개신교가 가지고 있는 구조적 모순과 악순환에 따른 와해가 이중직 목회자들의 존재가 불안정한 힘(오염)을 가지고 부상하게끔 만든 것에 직접적 관련이 있음을 시사한다.

더글라스의 분류체계에서 교계를 어지럽히는 존재로 여겨지는 이중직 목회자들은 비형식적, 내적 영적 능력을 지닌 존재들이다. 이들은 그들만의 영역을 형성함으로써 불안정한 교회 구조에 도전한다. 이 구조에 대한 도전이란 의미의 경합 상황에서 발생하는 것으로서, 앞서 보았듯 순수와 오염의 경계를 뒤집는 방식으로 표현되며, 긍정적 도덕 상징과 부정적 도덕 상징을 바꾸어 놓는다.

---

41 Douglas, Mary. 1966. *Purity and Danger: An Analysis of Concepts of Pollution and Taboo*. Routledge. 100~105.

3. 바벨론의 목회자들

목회자 진정성의 상징을 재구성하고 성공적으로 확보한다고 해도, 일하는 목회자가 겪는 고통이 감소하는 것은 아니다. 이들이 겪는 이중적 고통, 즉 경제적 빈곤과 '이중직'이라는 개신교 내의 낙인은 여전하기 때문이다. 그러나 새롭게 확립된 목회자 진정성과 여전히 잔존하는 이중적 고통은 일하는 목회자만의 정체성을 입체적으로 구성한다. 이 정체성은 크게 두 가지 역설적이고도 양가적인 감정, 즉 '소명(기억됨)'과 '잊힘(망각됨)'으로 표현된다.

먼저, 목회만 그만두면 생활이 훨씬 더 편해질 수 있는 상황 속에서 이들이 계속해서 목회자로 존재하기 원하는 까닭은 무엇인가? 그것은 '소명(vocation)' 혹은 '부르심(calling)'이라고 표현되는 그 무언가 때문이며, 초월적 존재에 의해서 기억되고 있을 뿐 아니라 선택되어 부름을 받았다는 믿음이 있기 때문이다. 이는 곧 '나는 이 일을 해야 하는 사람'이라는 어떤 뿌리 깊은 감각이다. 이런 감각은 일하는 목회자의 생계가 빈궁한 상황에 처할수록 더욱 강하게 발휘된다는 점에서 일하는 목회자 정체성의 핵심 요소라고 할 수 있다.

생활고로 인해 벼랑 끝까지 가본 일하는 목회자들 대부분이 목회 그만두고 밥벌이만 해야겠다는 생각을 해본 경험이 있다. I는 매주 주일 예배가 끝나면, 목회를 그만둬야겠다고 결심을 한다. 몇 명 남지 않은 교인들과 교회를 유지하면 할수록 감당할 수 없는 월세 빚만 계속 쌓이기 때문이다. 또한 자신이 목회만 그만두면 교인들과 식구들이 다른 큰 교회에 가서 훨씬 편하게 예배드릴 수 있다는 생각이 늘 I를 괴롭힌다. 그러나 소명감으로 인해 그만두지 못한다. 목회가 아니라면 삶의 의미를 찾을 수 없다고 생각하기 때문이다.

C는 주일에 하루만 더 일을 해도 훨씬 안정적으로 가정의 생계를 꾸릴 수 있겠다는 생각에 주말에도 청소를 나가보았다. 그러나 교인들과 교제 시간이 없어지고. 영성 훈련의 시간들이 너무 부족해지는 것을 느끼고는 곧장 주말 일을 그만두었다. J는 목회자로의 '부르심'은 현재의 암울한 상황 속에서도 자신이 여기에 존재하는 이유가 있다는 사실을 늘 상기시켜줌으로써 어떤 실패에도 불구하고 버틸 수 있게 해주는 힘이라고 말한다.

> [사례 IV-2-1] '예지앞사의 하나님'
>
> '예지앞사의 하나님'이라는 생각. '예전에도 지금도 앞으로도 사랑하시는 하나님'인데. 그게 뭐냐면, 처음에 교회 시작할 때 그런 마음이 들었어요. '개척하고 성장하고 목회를 잘할 수 있지만, 잘 안될 수도 있다. 근데 잘 되든 안 되든 하나님이 나를 사랑하신다고 하는 건 변함이 없을 것이다. 교인이 안 늘어서 세상의 기준으로는 실패할 수 있지만 그래도 하나님은 나를 사랑하실 것이다. 근데 내가 실패했을 때, 그때 내가 개척교회 실패했을 때도 하나님에 대해 실망한 마음은 갖지 말아야겠다.' 하나님이 여기에 부르신 것에 대한 것도 있지만, 하나님이 나를 사랑해 주신 것 때문에… 교인 숫자로 '왜 하나님이 나를 여기 보내셨을까'라는 생각도 많은데… 내가 지금 알 수 없는 하나님의 뜻이 여기 있지 않을까. '아, 여기 존재시키는 하나님의 이유가 있나 보다.'라는 생각으로 버티는 거죠. (J 목사, 40대, 방문학습지 교사)

이렇듯 '소명감'이란 신적인 존재가 자신을 목회를 하는 존재로 만들었다는 어떤 감각이다. 이는 초월적인 감각으로서, 마음 깊숙이 뿌리내려 목회자의 가치판단과 선택의 기준이 된다. 그런데 이렇게 초월적인 존재에 대한 감각을 일깨우는 이 '소명감'은 밥벌이가 어려운 상황에 있는 일하는 목회자들에게 목회를 지속하게 하는 동력을 제공하는 동시에 역설적으로 '잊힘'의 감각을 각인시킨다.

즉, 신적인 누군가가 나를 목회를 하도록 소명감을 심어 놓고 파송을 했으나, 그 사실 자체를 잊어버렸다는 감각이다. 이 '잊힘의 감각'은 일하는 목회자들이 삶 속에서 경험하는, 그러나 여전히 남아있는 고통으로부터 발생한다.

> **[사례 IV-2-2] 소명감(기억)과 잊힘(망각)의 역설적 양가성**
>
> 나는 내 형편을 그런 형편이라 생각하거든. 누군가가 나를 파송했는데, 다 잊어버린 거야. 다 까먹은 거지. 근데 나는 어떤 생각을 하냐면. 목사가 아니라도 될 거 같아요. 목사가 아니라도 되고. 교단에서 쫓겨나도 될 거 같고…. 만약에 내가 쫓겨난다면 목사직을 반납할라 그래. 반납하고 B로 살아 가는 거죠. B로 살아가더라도 예배는 드리겠죠. 예배드리는 장소에 나랑 같이 신앙생활할 사람은 올 거고…. 그렇게 생각하고 있어요. 사실 목회를 위해 일을 시작한 건데, 그러다 목회의 본질을 만난 느낌? 그리고 모든 게 바뀌었어. 설교가 아니라 대화인 거고…. (B 목사, 50대, 카페 주인)

B에게 있어서 소명과 잊힘의 감각으로 요약되는 일하는 목회자 정체성은 곧 포로의 정체성과 같다. B는 일하는 목회자들이 공유하는

정서를 Bonny M의 "Rivers Of Babylon" 노래의 가사에 등장하는 포로가 느끼는 정서에 빗댄다.

By the rivers of Babylon, there we sat down.
Yeah we wept, when we remember Zion.
When the wicked carried us away in captivity.
Required from us a song.
Now how shall we sing the lord's song in a strange land.
Let the words of our mouth and the meditation of our heart,
be acceptable in thy sight here tonight.

이 가사는 구약성서의 137편과 19편의 일부분을 그대로 옮긴 것이다. 가사에 해당하는 시편 137편 1~4절과 19편 14절은 다음과 같다.

[시편 137편 1~4절]
바벨론 강가에 앉아 우리가 시온을 기억하면서 울었습니다.
거기 버드나무 가지에 우리가 하프를 매달았습니다.
우리를 사로잡아 온 사람들이 우리에게 노래를 시키고, 우리를 고문하는 사람들이 기쁨의 노래를 부르라고 했기 때문입니다.
그들은 "시온의 노래 가운데 하나를 부르라!" 하고 말했습니다.
우리가 어떻게 남의 땅에서 여호와의 노래를 부를 수 있겠습니까?

[시편 19편 14절]
오 여호와여, 내 반석이여, 나를 구원하신 주여, 내 입의 말과 내 마음의 묵

상이 주께서 받으실 만한 것이 되기를 원합니다.[42]

시편 137편은 바빌론에 포로로 잡혀간 유대인들의 애통함과 한을 담고 있다. 이 유대인들은 신의 선택을 받은 선민이자 신민이지만, 신의 뜻을 따르지 못하고 신의 선민답게 살지 못한 탓에 바빌론에게 멸망을 당한 후 포로로 끌려간 것이다.

> **[사례 IV-2-3] "나는 신자유주의 사회 속에 사로잡힌 종이다."**
>
> 나는 어떤 생각이냐면, Bonny M 노래 중에 'Rivers of Babylon'이라는 노랜데, 나는 지금 이 정서. 우리가 바벨론 강가에 끌려온 사람인 거지. 아침부터 새벽까지 계속 종살이하는 거지. 신자유주의 구조 속에서 포로된 종살이를 하고 있는 거야. '내가 예수의 종이다' 했을 때, '나는 신자유주의 사회 속에 사로잡힌 종이다.'라고 생각하면서, 신자유주의 제도 속에서 종으로 사로잡힌 사람들과 나를 일치시키는 거죠. 그러니까, 우리가 하는 일들, 바리스타가 하는 일들, 그건 감옥이거든. 그 시간에는 밖에 나갈 수 없잖아. 자유를 박탈당하는 거지. 알바하는 사람들, 대리운전하는 사람들, 공장에서 일하는 사람들, 다 마찬가지거든요. 목회자가 그런 존재가 되는 거예요. (B 목사, 50대, 카페 주인)

B에게 일하는 목회자란 유대 포로의 정체성을 내면화한 존재들이다. 현대 사회 속에서 신자유주의의 포로로 살아가는 수많은 사람들

---

42 우리말 성경

과 동일한 의미에서 자본주의의 포로가 되었다는 것이다. 일하는 목회자는 신자유주의 질서 속에 함몰되어 살아가는 현대인들과 자기 자신을 일치시킬 수 있는 존재가 된다. 그런데 B에게 중요한 것은 포로 상태에서 벗어나는 것이 아니다. 그는 구약 성서 예레미야 27장을 인용하며 자신의 목적은 지금 일하는 목회자로서 처한 상황에서 벗어나는 것이 아니라 오히려 이 상황에 충실하게 사는 것이라고 말한다.

> **[사례 IV-2-4] "우리는 다 우리 죄 때문에 포로가 될 거야."**
>
> 사람들이 나보고 다 왜 이렇게 힘들게 사냐고 그래요. 구약에 뭐가 있냐면, 예레미야인가? 선지서에서 읽은 건데, 거짓 선지자들은 '우리는 포로로 잡혀가지 않을 거야.' 이렇게 이야기하거든요. 근데 그 예레미야 선지자는 '우리는 다 우리 죄 때문에 끌려가서 포로가 될 거야. 나중에 포로로 끌려가서 밭을 갈고 거기서 살게 될 거야. 그러니 순순히 바벨론 왕의 멍에를 매자.'라고 해요. 그런 본문 있는 거 모르죠? 내가 직접 읽은 거야. (B 목사, 50대, 카페 주인)

예레미야 27장에서 예레미야 선지자는 유대인들을 향해 이스라엘이 곧 바빌론의 포로로 잡혀가게 될 것을 예언한다. 또한 바빌론 포로로 잡혀가지 않을 것이라는 거짓 선지자들의 말에 선동되지 말 것을 경고한다. 예레미야는 유대인들이 바빌론의 포로로 잡혀 살아가는 것은 신의 뜻이니, 포로로 잡혀간 그 땅을 위해서 성실히 살아가라고 말한다.

B에게 있어서 일하는 목회자로 산다는 것은 현대 사회에서 마치 포로처럼 살아가는 현대인들과 동일한 위치에서 살아가는 것을 의미한

다. 유대인들이 포로가 된 것은 그들과 그들의 조상들이 신의 자녀답게 살지 못했기 때문이다. 일하는 목회자들이 생계를 해결하지 못해 일터로 내몰려 포로 생활을 하게 된 이유 역시 마찬가지다. 교회가 신의 자녀답게 살지 못했기 때문이라는 것이다.

앞 장에서 밝힌 것과 같이 일하는 목회자들에게 한국교회는 '응급실에 실려 온' 상태이며, 그것을 가장 잘 입증해 주는 사실은 자신들이 겪는 경제적 빈곤과 종교적 낙인이라는 이중적 고통 그 자체다. 노동자가 됨으로써 현대 자본주의 질서, 신자유주의 질서에 편입된 목회자들에게 가장 중요한 임무는 무엇인가? B가 재구성한 한국교회와 일하는 목회자 서사에 따르면, 일하는 목회자들의 임무는 하루빨리 '이중직'이라는 포로 생활에서 벗어나는 것이 아니라, 예레미야서의 유대인들의 경우와 같이 그 삶을 충실하고 성실하게 살아내는 것이다. 그러나 유대 지도자였던 거짓 선지자들이 예레미야를 저주한 것처럼, 제도화된 교회는 여전히 이중직 목회자들을 불법적 존재로 규정한다.

요약하자면, 일하는 목회자들은 자신에게 부여된 '이중직'이라는 부정적인 도덕 상징을 '목회자 진정성'의 재구성을 통해 긍정적인 것으로 재의미화함으로써 목회자의 직업 실천 내에 존재하는 의미의 경합을 극복하고자 시도한다. 그러나 이러한 시도는 자신이 겪고 있는 종교적 낙인과 경제적 빈곤이라는 이중적 고통을 사라지게 하는 것이 아니다. 그들이 진정성을 확보하는 과정에서 그 성공과 실패의 여부에 상관없이 그 고통들은 오히려 여전히 잔존, 강화된다.

다만 새롭게 정립된 목회자 정체성과 그 사회적 실천은 일하는 목회자들로 하여금 교계, 교회라는 집단과 자기 자신을 새롭게 관계 맺게 할 뿐만 아니라, 자신이 경험하는 고통을 '기억됨'과 '망각됨'이라는 서로 상반되는 양가적 감정들의 교차점 위에서 인식하게 한다. 유대인들이 포로로서 바빌론 강가에서 흘리는 눈물, 그리고 그들이 부르는 노래에는 바로 그 이중적 고통을 투영하는 격렬한 정동들이 표출된다.

마치 Bonny M의 'Rivers Of Babylon'이 신나고 경쾌한 리듬에 한스러운 노랫말을 교차시키는 것과 같이, 그 격렬한 정동들 속에는 '신민으로서의 부르심의 감각' 그리고 '잊힘의 감각'이 교차한다. 일하는 목회자 정체성을 구성하는 양가적 감정들, 즉 희망/절망, 부르심/잊힘, 선택됨/버려짐, 몽상/파상, 명예/수치, 애환, 한스러움 등은 바빌론 포로라는 정체성과 공명하면서 목회자들의 삶 속에서 재현되고 있다.

우리는 일하는 목회자입니다

6장
나가면서
일하는 목회자를 통해 발견하는 새로운 가능성

지금까지 한국교회의 가장자리에 위치한 일하는 목회자들의 삶을 인류학적인 관점에서 살펴보았다. 이 작업은 곧 일하는 목회자들의 삶을 중심으로 한국교회와 사회, 그리고 신학교와 교단들이 어떻게 연결되었고 또 단절되어 있었는지를 새롭게 보여주는 것이기도 했다. 그렇다면 한국교회를 인류학적으로 살펴보는 것은 어떤 의미를 가지고 있을까? 현대 인류학자 팀 잉골드에 의하면, '인류학은 눈에 보이는 것을 재현하는 것이 아니라 눈에 보이도록 만드는 것'이다. 이 말은 예술에 대한 화가 파울 클레의 정의를 잉골드가 차용한 것인데, 그는 인류학의 역할을 예술에 빗대어 대해 다음과 같이 설명한다.

"예술이나 인류학이 세상을 비추는 거울을 들고 있는 것은 아니다. 오히려 세속적인 것을 불러일으키는 관계와 과정으로 들어가 그것들을 우리의 인식 영역으로 끌어들이는 역할을 한다.(…) 인류학자는 일상적인 삶의 매 순간마다 무언가에 개입하고 그 개입이 이끄는 곳을 따라가며 실험할 수 있다. 이는 다른 사람들과 세계에 대해 질문을 던지고 그들의 대답을 기다리는 것이다. 이런 실험은 어떤 대화에서든 일어날 수 있고 그 모든 대화와 마찬가지로 관련된 모든 사람들의 삶을 변화시킨다."[43]

이 책은 잉골드의 표현과 같이 가장자리에 있기에 잘 보이지 않던 특정 대상(일하는 목회자)들을 한국교회를 이해하기 위한 핵심으로 삼으려는 전략적 시도이다. 더 나아가 그렇게 한국교회 목회자들의 삶을 중심으로 끌고 와서, 그들이 보는 시각과 삶을 통해 지금껏 당연하게 여겨져 왔던 기존의 질서와 사고체계를 낯설게 만들고, 지금까지 중심을 구성하던 것들이 만들어낸 생각에 의문을 갖도록 이끈다. 다시 말해, 이 책은 일하는 목회자들을 통해 '한국교회'라는 현상을 낯설게 보려는 것이며, 그 과정에서 일어나는 성찰을 통해 우리가 경험한 한국교회가 무엇이었는지를 질문하고, 더 나아가서는 어떻게 바뀔 수 있는지를 상상하고자 하는 것이다.

이렇듯 우리에게 익숙한 한국교회의 중심부적 사고방식에서 벗어나 가장자리에서 한국교회를 바라보면 그동안 한국교회에서 벌어지고 있었던 일들의 의미를 새로운 방식으로 생각할 수 있을 것이다. 그렇다면 이러한 인류학적 접근은 한국교회를 이해하는 데 구체적으로 어떤 도움을 줄 수 있을까?

---

43 팀 잉골드, 『팀 잉골드의 인류학 강의』 (프롬북스, 2020), 196.

두 문화의 공존

파푸아뉴기니 북서부에는 우랍민(urapmin)이라고 불리는 300~400명 규모의 부족이 있다. 우랍민은 주변 부족들과 외떨어져 있기에 외부 접촉이 적은 부족이다. 그런데 이들은 우연한 계기로 1970년대 어느 시점에 부흥 현상을 경험하고는 자발적으로, 그러니까 '선교사와의 접촉 없이' 개신교로 집단 개종을 했다. 이들은 지금도 기독교 부족으로 존재하고 있으며, 교리적으로는 침례교적이고 신앙 형태와 관련해서는 오순절주의 특성을 지니고 있다. 그런데 이들이 자발적으로 집단 개종을 하고 부족 전체가 매우 빠른 사회적 변화를 경험하는 도중 독특한 문제가 발생했다. 집단 개종 이전 우랍민의 사회적 삶의 핵심을 구성하는 도덕적 가치와 기독교 신앙이 제시하는 삶의 방식이 근본적인 모순을 띠고 있었던 것이다.

기존 우랍민의 사회적 관계 맺기의 양식과 의사 결정의 과정은 모두 '의지'를 극적으로 그리고 적절하게 사용하는 것에 최고의 도덕적 가치를 부여했다면, 기독교 신앙은 개인의 '의지'를 모두 신 앞에 굴복시킬 것을 요구했다. 즉, 부족의 사회적 삶의 저변을 형성하는 가치들에 충실하게 살아가는 부족민은 기독교 신앙의 관점에서는 죄인이 되어버리는 것이다. 우랍민 부족민은 모두 열렬한 신앙을 가지고 있었지만, 그들에게 '바람직한 기독교적 삶'이란 근본적으로 불가능한 것이었다.

그렇다면 우랍민 부족은 '의지'를 둘러싼 이 두 삶의 태도를 어떻게 조화시켰을까? 결과적으로 이들은 조화시키지 않았다. 그들의 사회적 삶에서 이 두 삶의 방식은 어느 한쪽이 다른 쪽을 흡수, 동화시키지 못한 채 독특하게 양립하게 되었다. 즉, 가치의 체계로서 서로 충돌하는 두 종류의 문화가 섞이지 않은 채 공존하게 된 것이다.

이들은 계속해서 사회적 삶을 살아가는 동시에 그리스도인으로서는 실패자, 즉 죄인이 된다. 그리고 거대한 죄책감과 슬픔에 빠진 채 기독교 의례의 현장에서 일련의 열광적인 예배, 회개, 기도와 같은 의례를 수행하고는 다시 삶으로 돌아간다. 이런 순환이 반복되는 우랍민 부족의 기독교 신앙과 사회의 형태를 연구했던 인류학자 조엘 로빈스는 그 독특한 현장연구의 결과물에 "죄인 되기(becoming sinners)"라는 제목을 붙였다.[44]

우랍민 부족의 신앙은 독특해 보인다. 대체 무엇이 이들로 하여금 끊임없는 죄의식과 자기 정죄의 순환으로부터 탈출하지 못하게 하는 것일까? 왜 이들은 기독교를 포기하지도 않고, 이전 우랍민 부족의 전통 가치와 문화들을 쉽게 벗어던지지도 않는 것일까? 이러한 질문에 답하는 것은 결코 쉽지 않다. 어떤 이유에서인지 이들은 상충하는 두 문화를 끌어안고 사회적 삶을 영위해 나간다. 그러나 우리에게 이런 독특한 형태의 신앙을 가지고 삶을 살아가는 이들이 그리 낯선 것은 아니다. 이곳 한국교회에도 이들과 유사한 형태의 신앙과 삶의 곤경을 가지고 살아가는 사람들이 있기 때문이다. 바로 일하는 목회자들 말이다.

한국교회의 일하는 목회자들은 우랍민 부족민들과 기본적으로는

44　Robbins, Joel. 2004. *Becomming Sinners*. University of California Press.

무척 비슷한 방식의(복잡성의 차이는 있지만) 사회적 삶을 형성하고 있으며, 그들과 유사한 문화적 곤경에 빠져있다. 따라서 1970년대 집단 개종 이후 급격한 사회적 변화로부터 파생된 우랍민 부족민들의 곤경과 그것이 만들어낸 삶의 모습은 인류학적 접근을 통해 한국교회를 이해하는 데 중대한 통찰을 제공한다. 다시 말해, 앞서 우랍민 부족에게 제기한 질문을 일하는 목회자들에게도 동일하게 던져볼 수 있는 것이다.

왜 일하는 목회자들은 끊임없는 죄의식과 정체성의 혼란의 순환을 벗어나지 못하는가? 왜 이들은 일터를 박차고 나가지도 않고, 또 동시에 목회자라는 정체성을 벗어 던지지도 않는 것일까?

그 이유는 우랍민 부족민들이 서로 충돌하는 두 문화를 동화시키거나 절충시키지 않은 채 안고 살아가는 것과 같은 이치로, 일하는 목회자들의 삶 속에는 서로 섞이지 않고 공존하는 역설 관계의 두 문화가 존재하기 때문이다. 그런 관점에서 이 책은 동시대 한국의 일하는 목회자들이 상충하는 문화들을 어떤 형태로 끌어안고 살아가는지를 살펴 본 결과물이라고 할 수 있다.

5장에서 살펴본 것과 같이 오늘날 일하는 목회자들은 신으로부터 기억되었으며 동시에 잊힌 존재(기억됨/잊힘), 부름받았으며 동시에 버려진 존재(부름받음/버려짐)라는 역설적 정체성을 끌어안고 산다. 이 역설적이고도 양가적인 정체성은 서로 혼합되거나 어느 한쪽으로 동화되지 않은 채로 목회자 안에서 공존한다. 그리고 목회자의 정체성과 삶을 규정하는 이 역설적 측면은 한국교회가 형성되어 온 시기의 거대한 두 축 -성장기와 침체기- 에 각각 깊게 뿌리박혀 있다.

즉, 일하는 목회자들에게 있어서 '기억됨-부름받음'이라는 감각 혹은 그 정체성은 한국교회의 거대한 성장기를 거치면서 이들의 삶과 신앙을 형성한 반면, '잊힘-버림받음'은 한국교회의 침체 및 쇠퇴기에 나타나 목회자들이 가진 기존의 삶과 신앙을 재형성하도록 만든다. 안토니오 그람시의 표현을 빌리자면, "낡은 것은 가고 새로운 것은 아직 오지 않은" 혼란 속의 한국교회에서, 이런 두 정체성을 동시에 지니고 살아가는 일하는 목회자들의 삶은 급격한 상승에서 하향으로의 변화에 큰 영향을 받고 있다는 것이다.

일하는 목회자 현상과 그들을 둘러싼 복잡다단한 상황을 이해하기 위해서는 서로 충돌하면서도 계속하여 그들의 삶 속에 병존하는 개념쌍을 이해해야 한다. 이 개념쌍은 2장과 3장에서 살펴본 것과 같이 한국교회라는 대상 전체에 걸쳐서 구조적, 사회문화적 요인들과 맞물려 만들어지고 또 작동하는 가치체계이기도 하다. 이러한 이해는 서문에서 제기한 것처럼 '성장이란 무엇인가'라는 질문에 대한 직접적인 단서를 제공한다.

그렇다면 우리는 '성장'을 어떻게 이해할 수 있는가? 한국 근대사에서 '교회 성장'이라는 거대한 흐름은 한국교회 안에 무한한 성장에 대한 무조건적 갈망을 내면화시켰을 뿐만 아니라 그것을 실현하는 데에 '부분적으로' 성공하면서, 목회자들 내면의 개념쌍 중 '기억됨-부름받음'으로 표현되는 절반만을 극단적으로 부각시켰다. 그러나 그러한 성장 신화는 본성상 결코 무한한 것이 될 수 없기에, '잊힘-버림받음'이라는 개념쌍의 반대급부는 성장 가도를 달리는 중에도 한국교회의 가장자리에서 그림자처럼 그 가능성을 키워왔던 것이다.

무한히 성장할 것 같았던 몽상이 파상의 현실을 맞이한 오늘날 한국교회 안에는 상호 역설 관계의 두 문화에 기반한 '부름받음과 버림받음'이라는 양가적 개념쌍이 여기저기서 재현되고 있다. 이러한 면에서, '일하는 목회자' 현상이란 한국교회가 포스트-성장 시기의 파상을 어떤 방식으로 경험하게 될지 보여주는 대표적이고도 상징적인 사례다. 그리고 이 '일하는 목회자'의 사례들은 '자본주의'와 '복음주의'라는, 어찌보면 대단히 역설적인 두 문화가 한국교회 안에 공존하도록 만든 사회사적 배경으로서 '자본주의 정신과 한국교회의 관계'의 문제를 고민하도록 만든다.

한국식 자본주의 정신과 일하는 목회자

이 책의 모든 장에서 반복적으로 확인한 것처럼, 일하는 목회자들의 삶을 통해 탐색한 한국교회의 핵심에는 당연하게도 사회경제적 특성이 존재한다. 이는 목회자들과 여러 학자들을 통해서도 끊임없이 언급되어 왔다. 또한 한국교회를 규명하는 데 '성장'이 핵심 키워드라는 사실은 한국교회가 한국식 자본주의와 독특한 관계를 맺고 있다는 사실을 의미하기도 한다. 사회학자 김덕영은 한국 자본주의의 정신에 대한 계보학적 연구에서 한국식 자본주의 정신을 끝없는 허기감을 의미하는 '에리식톤 콤플렉스'라고 명명하며 다음과 같이 말했다.

> "국가, 특히 박정희 정권은 가난을 극복하고 잘 살아 보자는 구호 아래 개인에게 돈과 물질에 대한 무한한 욕망을 자극하여 에리식톤 콤플렉스가

형성되도록 했으며, 재벌, 특히 정주영은 기업적 차원에서 에리식톤 콤플렉스를 구현했다. 그리고 한국의 개신교는 국가-재벌 동맹 자본주의의 이데올로그이자 전도사로서 환원적 근대화의 지상목표인 경제성장을 신과 신앙의 이름으로 축복하고 신성시해왔다. 그것은 에리식톤 콤플렉스의 성화(聖化)이다…. 국가가 에리식톤 콤플렉스를 주조했고, 재벌이 이 콤플렉스를 구현했으며, 기독교가 성화했다."[45]

이러한 한국 근대사에 대한 사회문화 및 정치 경제적 분석이 한국교회와 한국식 자본주의 정신의 관계에 대해 시사하는 바는 무엇인가? 이는 각종 매체들이 흔히 내리는 결론처럼 한국교회를 단순히 종교의 이름으로 돈을 좇는 이율배반적 집단으로 제시하지 않는다. 오히려 한국교회를 무한한 경제적 성장과 치부에 대한 욕구를 정당화하고 성화(聖化)시킨 자본주의 정신의 주조자 중 하나로 제시한다. 무한한 성장과 상향에 대한 욕망 및 정당성을 제공해주는 동력원으로서의 한국교회는 실제로 그러한 무한 성장 담론이 설득력을 지닐 수 있을 만큼의 엄청난 성장을 경험하기도 했다.

그러나 2장에서 확인했듯, 실상 한국교회의 성장은 철저히 도심 내 대형교회 중심적 현상이었고 그렇기에 한국교회 성장의 역사는 양극화의 역사이기도 했다. 따라서 급격한 성장을 경험하고 있던 소수의 대형교회들을 제외한 대다수 교회에게 무한 성장의 욕구는 환상에 불과했다. 그럼에도 '성장'이 모든 한국교회 존재의 중심을 구성하는

45　김덕영, 『에리식톤 콤플렉스: 한국 자본주의의 정신』 (도서출판 길, 2019), 20.

공동의 목표이자 (그들 나름의) 진정한 교회의 표지로서 기능할 수 있었던 이유는 무엇인가?

그것은 성장 현상을 이끌었던 일부 초대형교회의 성공이 한국 상황에서는 지역 교회들의 표본이자 기준으로 통용되었기 때문이다. 일부 대형교회들의 성공과 그들이 생산했던 문화적, 경제적, 사회적 자본들과 인프라는 무한 성장에 대한 "가시적이고 타당한 몽상(2장)"을 가능케 하는 근거였다. 이런 이유로, 한국교회에서 '성장'은 (그것을 어떻게 정의하던) 신성한 것으로서 반드시 추구해야 마땅하고 또 당연한 것이었다. 이것이 한국교회 내에 성장하지 않는 교회들은 무수히 많지만, 성장하지 않아도 되는 교회는 없었던 이유이다.

물론 이 이야기는 모든 한국교회의 종교적 실천을 경제적인 것으로 설명할 수 있다는 주장은 아니다. 3장에서 목회자들의 증언을 통해서 확인한 것처럼, 오히려 경제적 무결, 즉 탈 경제성은 한국목회자들의 진정성을 구성하는 핵심적인 가치였다. 이렇듯 한국에 자리 잡은 기독교란 결코 경제적 언어로 단순히 설명할 수 있는 현상이 아닌, 분명 강렬하고도 나름대로의 진정성과 특색을 지닌 종교현상이었다. 다만, 동시에 그 가장 깊은 중심에는 역설적으로 늘 '물질'과 '성장'이 있었다는 것 역시 또 하나의 사실이자 설명이 필요한 지점이다.

이러한 사실은 흥미로운 시사점을 제공한다. 한국교회는 특정 자본주의적 형태를 맘몬으로 대상화하여 교회 바깥으로 내치는 동시에, 자본주의적 질서는 교회의 근간을 이루는 깊은 중심으로 들여오는 방식으로 자본주의와 이중적 관계를 형성하였다. 어찌 되었든 한국교회의 존재를 표현하는 언어의 중심에는 늘 경제적 언어(성장)가 자리하고 있었고, 이는 한국교회가 자본주의적 질서와 논리에 독특한 방식으로 뿌리박혀 있음을 보여준다.

다시 말해, '한국교회'라는 현상은 자본주의와의 관계를 형성하는 데 있어서 그것을 저주하여 내치든, 성화시켜 끌어안든 간에 그것을 절대화시켰다. 이러한 방식으로 형성된 한국전쟁 이후의 한국교회는 자본주의 정신을 주조한 핵심 세력이었음에도, 그것과 대등한 입장이 아닌 종속적 위치에서 관계를 형성하였다. 즉, 한국교회라는 현상을 전적으로 자본주의적 현상이라고 치부할 수는 없는 증거들이 존재함에도 불구하고, 현대 사회에서 자본주의 질서의 '바깥'을 상상하는 것이 불가능한 만큼이나 자본주의 '바깥'에 존재하는 한국교회는 상상할 수 없는 것이 되었다.

하나의 새로운 가능성: 안으로 탈출하기

2010년대 이후 무한 성장의 토대가 무너지는 파상의 현실이 가시화된 상황에서, 일하는 목회자들의 존재는 이렇게 고착된 자본주의와 한국교회의 관계에 새로운 빛을 던져준다. 이들은 자신들의 의도와는 상관없이 '성장 불가능성'이라는 낯선 환경을 최전선에서 느닷없이 맞이해야 했던 집단이다. 즉, 일하는 목회자들은 근대사 이후 한국교회 상황에서 자기 정체성과 진정성을 탈-성장의 언어로 상상하고 재구성해내야만 했던 첫 번째 한국 개신교도들이었던 것이다.

이들은 경제적-종교적 서바이벌 상황에서 살아남기 위해서 그동안 당연하게 여겨져 왔던 것들, 즉 한국 개신교적 가치와 도덕의 중심에 있던 성장 중심적인 내용들을 비워내고 그 중심을 다른 언어, 가치, 정체성으로 새롭게 채워야만 했다. 일하는 목회자들이 자신의 정체성과 진정성을 새로이 재구성하는 과정은 이러한 상황이 왜 불가피하며, 실제로 이들이 그 상황을 어떻게 직면하고 있는지를 보여준다(3장, 4장).

5장이 잘 보여주듯, 서바이벌 상황에 직면한 목회자들은 단순히 자본주의적 질서나 한국교회의 구조로의 바깥으로 탈출하려 하지 않는다. 왜냐하면, 그것은 애초에 불가능하기 때문이다. 이들은 자신이 처한 상황을 '바벨론 포로'와 일치시키며 고통스러운 삶의 현실들을 인정하고 스스로의 포로됨을 긍정한다. 브루노 라투르의 표현은 이러한 일하는 목회자들의 상황을 잘 포착해 준다. "탈출하려면 '바깥'으로 나간다는 생각에서 나와야 하고, 따라서 남기로, 심지어 안으로 나가기로 결심을 해야 하는 것이다…. 우린 이제 도망칠 수 없다. **그러나 같은 장소를 다른 방식으로 살 수는 있다.**"[46]

거칠게 묘사하자면, 일하는 목회자들은 자신을 질식시키려 하는 자본주의 정신과 기존 한국교회 구조의 부조리한 질서로부터 탈출하는 것을, 그것들의 포로로서 자기 정체성을 인식-긍정하는 방식으로 성공하고 있다는 것이다. 이것은 성장을 기대할 수 없는 오늘날 한국교회가 자본주의적 질서와 어떤 식으로 새로운 관계를 맺는 것이 가능한지를 보여주는 아주 중요한 사례라고 볼 수 있다.

한국교회가 지금껏 자본주의 질서의 바깥이 아니라 안에 있었음

---

46 브뤼노 라투르, 『나는 어디에 있는가?: 코로나 사태와 격리가 지구생활자들에게 주는 교훈』 (이음, 2021), 83.

을 인정 및 긍정하는 것. 이로써 새로운 성찰의 공간을 확보하고, 이를 통하여 자본주의 질서와 한국교회를 서로에게서 분리시켜, 더 나아가 종속적 관계가 아닌 대등한 관계 맺기의 가능성을 상상할 수 있게 되는 것. 일하는 목회자들의 삶은 이러한 방식으로 포스트-성장의 환경에서 한국교회가 어떤 모습으로 변화할 수 있는지를 묻는 질문에 새로운 빛을 비추어 준다.

인류학은 답을 제시하기보다는 끊임없이 더 나은 질문을 찾음으로써 당연하게 여겨지는 익숙한 사고방식 자체를 재검토하기를 추구한다. 앞서 잉골드가 정의했듯 인류학은 끊임없이 "다른 사람들과 세계에 대해 질문을 던지고 그들의 대답을 기다리는 것"이다. 따라서 한국교회에 대한 인류학적 접근으로서 이 책은 단순히 한국교회와 일하는 목회자들이 위치한 맥락을 밝히는 것을 넘어서, 그 '맥락에 관한 전제'를 재검토하려고 했다.

'성장'의 동력이 생명력을 다한 지금, 과도기의 한국교회는 혼란 속에 있다. 이 혼란을 넘어서고, 과거를 성찰하며, 책임 있는 미래를 모색하기 위해 가장 먼저 해야 하는 일은 '성장'을 추모하는 것이다. 여기서 추모는 단순히 죽은 대상을 기억하는 행위가 아니다. 추모란 특정인들이 특정 대상을 특정한 방식으로 기억함으로써 어제와 오늘을 특정 방식으로 연결 짓고 미래를 자주적으로 열어가는 공동의 행위를 말한다.

여기에는 스스로를 한국교회의 구성원으로 인식하는 모든 이들이 참여해야 마땅하다. 그들 모두가 긍정적으로든 부정적으로든 성장에 거대한 빚을 지고 있기 때문이다. 성장을 추모하며 우리는 두 가지

사건에 참여해야 한다. 먼저는, 이제 '성장'을 우리의 중심으로부터 가장자리로 확실하게 떠나보내야 한다. 다음으로는, 어떻게 새로운 내일을 의미 있게 열어 나갈 수 있을지 물어야만 한다. 우리의 중심을 무엇으로 재구성해낼 것인가? 포스트-성장의 문턱에서, 한국교회는 어떻게 이전과는 다른 의미의 한국적 신앙을 유의미하게 구성해낼 것인가? 이러한 질문을 얼마나 치열하게 묻고 또 어떻게 응답하느냐에 따라 한국교회의 내일이 결정될 것이다.

일하는 목회자들이야말로 누구보다 앞서서 온 삶으로 이런 질문을 대면해야 했던 이들이다. 그렇기에 일하는 목회자들이 지닌 특성과 정체성은 흔히들 말하는 한국교회의 위기를 기회로 바꿀 수 있는 단서를 제공한다. 익숙한 것들이 낯선 것으로 바뀌는 오늘날, 일하는 목회자들의 삶과 고뇌와 사역은 그 자체로 한국교회에는 새로운 가능성이자 희망일 수 있다. 더욱 다양한 영역에서 수많은 신실한 일하는 목회자들이 자신의 삶과 사역을 한 품에 끌어안고 긍정할 수 있기를, 그렇게 안으로 탈출할 수 있기를 바란다. 오늘도 가장자리에서 보이지 않게 분투하는 모든 일하는 목회자들에게 심심한 위로와 감사를 전한다.

참고문헌

강춘근. 2017. "목회자의 이중직". 『성결교회와 신학』(38). 50-69.
김덕영. 2019. 『에리식톤 콤플렉스: 한국 자본주의의 정신』. 도서출판 길.
김민수. 2020. 『개척 5년 차입니다』. 세움북스.
김한옥. 2017. "목회자 이중직에 대한 신학적 조명". 『활천』762(5). 36-39.
김홍중. 2016. 『사회학적 파상력』. 문학동네.
류대영. 2009. 『한국 근현대사와 기독교』. 푸른역사.
박영돈. 2013. 『일그러진 한국교회의 얼굴』. IVP.
브뤼노 라투르. 2021. 『나는 어디에 있는가?: 코로나 사태와 격리가 지구생활자들에게 주는 교훈』. 이음.
어빙 고프먼. 2009[1963]. 『스티그마』. 한신대학교 출판부.
여성삼 외3. 2017. "목회자 이중직에 대한 나의 생각". 『활천』762(5). 45-52.
유홍준 외 2명. 2017. "한국인의 직업 정체성과 직업위세". 『한국 사회』18(1). 77-103.
윤정란. 2015. 『한국전쟁과 기독교』. 한울 아카데미.
윤평중. 2003. "공동체주의 윤리 비판: 급진자유주의의 관점에서". 『철학』76. 233-261.
임명묵. 2021. 『K를 생각한다』. 사이드웨이.
정재영. 2019. 『강요된 청빈』. 이레서원.
조성돈. 2017. "목회자의 이중직, 선교의 자리이다". 『활천』762(5). 40-44.
지원용. 1993. 『말틴 루터의 종교개혁 3대 논문』. 컨콜디아사.
최동규. 2017. "목회자 이중직에 대한 단상". 『활천』762(5). 12-13.
최형묵. 2006. "[신학과 목회 / 한국교회와 과거사 고백] 유신체제, 군사정권하의 한국교회". 『기독교사상』50(3). 200~214.
팀 잉골드. 2020. 『팀 잉골드의 인류학 강의』. 프롬북스.

Applebaum, Herbert. 1981. *Royal Blue: The Culture of Construction Workers*. Holt, Rinehartand Winston.
Castells, Manuel. 2004. *The Power of Identity*. Blackwell.
Douglas, Mary. 1966. *Purity and Danger: An Analysis of Concepts of Pollution and Taboo*. Routledge.
Ferrara, Alessandro. 1998. *Reflective Authenticity: Rethinking the project of modernity*. Routledge.
Gamst, Fredrick C. 1981. "Considerations for an Anthropology of Work." *Anthropology of Work Newsletter* 2(1):7-9.
Jenkins, R. 2008. *Social Identity*. Routledge.
Robbins, Joel. 2004. *Becomming Sinners*. University of California Press.